医学图书馆服务与管理研究

翟 萌 著

北京工业大学出版社

图书在版编目（CIP）数据

医学图书馆服务与管理研究 / 翟萌著. — 北京：北京工业大学出版社，2020.4（2021.11 重印）
ISBN 978-7-5639-7346-0

Ⅰ. ①医… Ⅱ. ①翟… Ⅲ. ①医学－专业图书馆－图书馆工作－研究 Ⅳ. ①G258.5

中国版本图书馆 CIP 数据核字（2020）第 061533 号

医学图书馆服务与管理研究
YIXUE TUSHUGUAN FUWU YU GUANLI YANJIU

著　　者：	翟　萌
责任编辑：	张　娇
封面设计：	点墨轩阁
出版发行：	北京工业大学出版社
	（北京市朝阳区平乐园 100 号　邮编：100124）
	010-67391722（传真）　　bgdcbs@sina.com
经销单位：	全国各地新华书店
承印单位：	三河市明华印务有限公司
开　　本：	710 毫米 ×1000 毫米　1/16
印　　张：	11.75
字　　数：	235 千字
版　　次：	2020 年 4 月第 1 版
印　　次：	2021 年 11 月第 2 次印刷
标准书号：	ISBN 978-7-5639-7346-0
定　　价：	45.00 元

版权所有　翻印必究

（如发现印装质量问题，请寄本社发行部调换 010-67391106）

作者简介

翟萌，男，现任苏州大学附属第一医院信息处副处长，图书馆馆长，副研究馆员。除此之外，还担任中国图书馆学会医学分会常委，中国中西医结合学会信息专业委员会委员，全国医学文献检索教研会理事。主持并完成省市级科研项目多项，发表论文二十余篇。

前　言

随着经济的迅速增长，我国的信息化技术水平有了显著提高，信息化思维更是渗透到各个领域的改革中。在信息化思维模式下，医学图书馆的建设与服务方式亟需进行完善与创新，从而达到为读者提供信息共享平台和高质量服务的目的。建设医学数字图书馆，就是开发网络信息资源，因为它是根据国家、社会需要，对中文基础信息、知识再加工后建立起来的具有中国特色的强大的信息资源库。

全书共八章。第一章为绪论，主要阐述图书馆的产生与发展，医学图书馆的产生与发展，医学图书馆的性质、职能与类型以及医学图书馆的改革与面临的挑战等内容；第二章为图书馆馆藏建设，主要阐述馆藏建设的方法与原则、馆藏建设的组织与馆藏文献管理以及图书馆文献信息资源建设等内容；第三章为医学图书馆文献信息的组织，主要阐述医学图书馆文献信息资源组织的概念与作用、医学图书馆文献信息资源组织的原则与方法、医学文献信息资源分类标引及其工具、医学文献信息资源主题标引及其工具、分类标引与主题标引的比较以及医学文献信息资源的描述原则与编目工作方式等内容；第四章为医学图书馆文献信息的检索，主要阐述医学文献信息检索基本理论、医学文献信息的检索工具以及医学文献信息的检索步骤等内容；第五章为医学图书馆的现代化管理，主要阐述医学图书馆的现代化管理——标准化管理、规章制度化管理、目标管理和知识管理等内容；第六章为医学图书馆的现代化服务，主要阐述医学图书馆的知识服务和用户服务等内容；第七章为医学图书馆工作人员的素质培养，主要阐述医学图书馆工作人员的重要性、结构与素质、培养途径以及职业道德等内容；第八章为医学图书馆的数字化建设，主要阐述数字医学图书馆概述、数字医学图书馆的系统结构、医学数字信息资源的采集与组织以及医学图书馆馆藏文献资源数字化等内容。

为了确保研究内容的多元性和丰富性，笔者在写作本书过程中参考了大量的理论和研究文献，在此向涉及的专家学者表示衷心的感谢。

最后，由于笔者水平尚有不足之处，加之时间仓促，本书不免存在一些疏漏，在此，恳请读者朋友批评指正！

目 录

第一章 绪 论 1
    第一节 图书馆的产生与发展 1
    第二节 医学图书馆的产生与发展 5
    第三节 医学图书馆的性质、职能与类型 8
    第四节 医学图书馆的改革与面临的挑战 18

第二章 图书馆馆藏建设 23
    第一节 馆藏建设的方法与原则 23
    第二节 馆藏建设的组织与馆藏文献管理 29
    第三节 图书馆文献信息资源建设 36

第三章 医学图书馆文献信息的组织 43
    第一节 医学图书馆文献信息资源组织的概念与作用 43
    第二节 医学图书馆文献信息资源组织的原则与方法 45
    第三节 医学文献信息资源分类标引及其工具 49
    第四节 医学文献信息资源主题标引及其工具 59
    第五节 分类标引与主题标引的比较 74
    第六节 医学文献信息资源的描述原则与编目工作方式 77

第四章 医学图书馆文献信息的检索 79
    第一节 医学文献信息检索基本理论 79
    第二节 医学文献信息的检索工具 81
    第三节 医学文献信息的检索步骤 94

第五章 医学图书馆的现代化管理 103
    第一节 医学图书馆的现代化管理——标准化管理 103
    第二节 医学图书馆的现代化管理——规章制度化管理 107

第三节　医学图书馆的现代化管理——目标管理·················111
　　第四节　医学图书馆的现代化管理——知识管理·················114

第六章　医学图书馆的现代化服务·································121
　　第一节　医学图书馆的知识服务·································121
　　第二节　医学图书馆的用户服务·································130

第七章　医学图书馆工作人员的素质培养·························143
　　第一节　医学图书馆工作人员的重要性·························143
　　第二节　医学图书馆工作人员的结构与素质·····················144
　　第三节　医学图书馆工作人员的培养途径·······················152
　　第四节　医学图书馆工作人员的职业道德·······················155

第八章　医学图书馆的数字化建设·································163
　　第一节　数字医学图书馆概述···································163
　　第二节　数字医学图书馆的系统结构·····························168
　　第三节　医学数字信息资源的采集与组织·······················170
　　第四节　医学图书馆馆藏文献资源数字化·······················172

参考文献···179

第一章 绪 论

图书馆是人类生产和社会活动发展到一定阶段的产物,与人类文明紧紧相连。一直以来,它的发展与演变都是人类文明的标志。医学图书馆不仅为医学科研工作者提供了获取知识的窗口,也为他们提供了有效的知识共享平台。本章分为图书馆的产生与发展,医学图书馆的产生与发展,医学图书馆的性质、职能与类型,医学图书馆的改革与面临的挑战四部分。

第一节 图书馆的产生与发展

一、图书馆的产生

(一)图书馆产生的前提

文字和文献是图书馆产生的前提。人类在征服与改造自然的社会实践中,需要进行各个方面的信息交流,没有社会的信息交流,人们就无法进行共同的社会活动。由此可见,社会信息交流是人类社会生存与发展的基本条件。

语言是与人及人类社会同时产生的。语言是社会交流必需的工具。但是,由于语言自身的局限性,其在某些时候会给交流带来了种种不便。其中最主要的是,语言一经说出就成为过去,会受到时间与空间的极大限制。而且,随着社会实践活动的日益扩展和知识积累的日益增多,人们仅凭大脑记忆和口耳相传的原始方法交流信息、积累知识,已难以满足需要了。于是,在长期社会实践中,人类从利用原始的"结绳""契刻"等方式进行记忆与信息交流,发展到用图形和符号帮助记忆和交流。随着社会的发展以及人类思维能力的提高,人类最终创造出了一种符号——文字,用其进行记忆、交流信息和表达感情。

文字的产生,必然会出现文字的载体。文字与载体结合在一起就是文献。文献是图书馆生存与发展的物质基础,可以说,没有文献就没有图书馆。

综上所述，文字是使人类社会发展到目前程度的必要条件。没有文献，也就没有现代社会的文明。而文字的功用是通过文献体现出来的，文献又是被图书馆收藏和利用的。所以说，文字和文献是图书馆产生的基础。

（二）图书馆产生的根本原因

社会的需要是图书馆产生的根本原因。文字及文献的产生和发展，大大提高了人类对信息、知识的存储效率。随着人类社会的发展，文献数量日益增多，个人和集团都无法依靠自己的能力与条件去利用和收藏，因此，就出现了管理这些文献资料的专门人员，保存文献的场所也随之出现，这就是最开始的图书馆，它是作为人类信息、知识的存储装置而出现的。在奴隶社会，生产力的低下以及王宫贵族对知识的垄断，使得只有最高的统治者才能保存文献。因此，社会对文献的保存主要是通过最高统治者实现的。从考古的情况看，最早的图书馆大都出现在王朝的都城，而地方的图书馆则是在图书馆事业有了一定的发展之后才出现的。

上述内容说明，图书馆是人类生存的基础，是社会进化过程中的必然产物。图书馆帮助人类将每个时代积累下来的知识与思想等保存下来，以供后人使用。所以，图书馆从其诞生之日起就担负着存储、传递人类精神财富的社会职能，如果没有图书馆这样的机构，人类的各种知识与经验就无法保存，人类文明就不能得以延续和发展。

（三）图书馆产生的基本保证

生产力水平的提高是图书馆产生的基本保证。图书馆产生于人类文明的萌芽时期——农业社会，生产力的发展，为图书馆的产生提供了必要条件。

随着社会生产力的不断发展，人们创造了越来越丰富的社会财富，这为图书馆的产生提供了必要的物质基础。图书馆文献的书写和载体形式以及馆舍和设备等，都是在生产力水平有了一定发展的条件下才出现的。

另外，社会生产力的提高也为图书馆专职人员的出现创造了条件。图书馆活动并不直接创造物质财富，这种精神领域的活动之所以能够产生，是因为在社会生产力有了一定的提高、社会的物质产品除了满足人类维持生存的基本需要之外还有剩余，部分人能够脱离物质生产劳动去生存，即去从事精神领域的劳动。图书馆专职人员正是在社会需要与生产力发展水平能够提供可能的条件下产生的。

二、图书馆的发展

(一)影响图书馆发展的因素

1. 社会生产力的发展

社会生产力的发展为图书馆的发展提供了基础。人类社会的进步，离开了社会生产力水平的发展，是不可能实现的。生产力的发展是推动社会前进的动力，也为图书馆的发展提供了必要的物质条件。生产力的发展使人们生产出比甲骨、铜器、简册、绵帛等更为轻便而廉价的纸张、胶片、磁带和光盘等，使文献载体的生产技术有了巨大的发展，文献的数量也迅猛增长。从古代的藏书楼到现代的图书馆大厦；从图书馆原始的简单而繁杂的手工劳动到图书馆自动化的实现以及电子计算机、光学技术、声像技术和现代通信技术在图书馆的应用等，无一不是与生产力的发展紧密相连的。因此，图书馆的发展，在很大程度上是由社会生产力的发展水平决定的。

2. 科学技术的发展

科学技术的发展是图书馆发展的基本动力。科学技术的发展从一开始就与图书馆有着十分密切的联系。首先，科学技术的发展要依赖于前人与当代人的研究数据和著述，而这些资料都保存在图书馆；其次，科学技术的发展可以为图书馆提供新的技术方法和文献信息。两者相辅相成、互相促进。

科学技术的发展是在继承、了解、总结前人研究成果的基础上进行的。随着科研成果的产生，凝结了人们聪明才智的新的文献也出现了。所以，人们在利用图书文献进行科学研究和科学技术交流以及传递知识、发明新技术、获取新成果的同时，又促使新文献的产生，使文献数量不断增加，进而促进了图书馆规模的不断扩大。由于科学技术的发展，文献的生产技术也随之改进并有了很大提高。到目前为止，文献的生产技术大致经历了手工抄写、机械印刷、电子传递等过程；记录载体也由自然物体（龟甲、兽骨、石头等）发展到人工物体（泥板、纸等），再发展到电子装置。每经历一个阶段，文献的数量都会随之剧增。尤其是伴随着工业革命而出现的机械化印刷设备，使文献的数量成倍增长。这对于近代图书馆的发展，无疑起到了巨大的推动作用。

3. 信息时代的到来

信息时代的到来为图书馆的发展开拓了广阔的前景。随着信息时代的到来和知识经济的悄然兴起，知识在社会发展中的作用越来越重要。而知识的学习、积累与传播等都与图书馆有密切关系。图书馆的作用不断被拓展，任务也越来越繁重。此外，数字化与网络化的发展从根本上推动了图书馆的现代化进程，图书馆工作的手段和方式等也随之发生重大变化。

新技术革命的主要标志是电子计算机的发展与广泛应用。在图书馆中，电子计算机的应用使人类加工、储存和检索文献的能力显著提升，通信技术的发展扩展了人类获取以及加工信息的时间与空间，而将电子计算机和通信技术相结合的电子信息网络使人类支配信息的能力出现了革命性的飞跃。

图书馆有着人才培养和知识传播等功能，是民众知识化、学习终身化和信息传递现代化的基本阵地之一。在新的时代，图书馆的作用会越来越重要。

（二）图书馆发展的特点

图书馆作为人类社会的特殊产物，一出现就有其自身的发展特点，主要表现在以下几个方面。

1. 图书馆的发展具有不平衡性

图书馆在数量的分配上是以国家的经济实力和文化水平为基础的。从古至今，凡是发达国家，图书馆的数量一般都很多。

最早的图书馆，距今已有3000多年的历史了，但图书馆的发展速度却极为缓慢。近代工业革命之后，图书馆的数量才有了突飞猛进的增长，这不过是近百年的发展情况。图书馆在发展过程中，与政治、经济、文化等有着密切联系，并且受到这些因素的影响与制约。

2. 图书馆由封闭式向开放式发展

在古代，图书馆被少数皇家贵族把持，只为他们提供服务，对社会大众则是封闭的。而现在，图书馆对全社会是开放的。随着计算机等现代信息技术的发展，图书馆的管理也逐步走向现代化，所有这些都大大提高了图书馆的服务能力，使人类的精神财富在更广阔的范围内实现了资源共享。

3. 图书馆的职能不断扩大

随着科技的进步和社会生产力的发展，图书馆的职能由最初的以收藏图书为主发展到现在的以开发利用信息为主，这就使得图书馆由过去意义上的"藏书楼"发展成现代的收集、整理、存储和利用文献信息，并为社会的政治、经济服务的"信息中心"。它担负着进行社会教育的职责，向所有社会成员开放，是社会的教育和学习中心。图书馆职能的不断扩大，适应了社会需要的不断变化。

4.图书馆的发展与人类文明的发展亦步亦趋

图书馆产生于人类文明的萌芽时期——农业社会。在人类文明的形成时期——工业社会，图书馆得到迅猛发展。在人类文明的成熟阶段——信息社会，飞速发展的通信技术、计算机技术、多媒体及数字技术和网络技术等从根本上改变了图书馆管理与使用信息的方式，同时也改变了图书馆的内部机制、服务模式甚至用户的信息需求行为等。新时代是各种新型图书馆不断出现与发展的时代，图书馆发展的最新形式就是数字图书馆。可以说，图书馆的发展已成为现代文明的标志。

第二节 医学图书馆的产生与发展

一、医学图书馆的概念

医学图书馆是在医疗卫生机构产生以后出现的，其满足了社会发展、科学技术发展和医疗卫生事业发展的需要，是为医疗卫生机构的基础医学和临床医学的科研工作者提供医学文献信息服务的文献信息中心，是医疗卫生机构中不可缺少的重要组成部分。

2007年，人民军医出版社出版的《医学图书馆理论与实践》一书提到了医学图书馆的定义：医学图书馆就是收集、整理、保存、提供医学及其相关文献信息以满足读者需要的医学文献信息机构。医学图书馆的任务主要是为医学科研与教学机构提供医学教学、医学研究和临床医疗决策所需要的情报和知识，有极强的医学专业的特性。医学图书馆根据不同医学学科范围和教育计划制订图书收藏和服务范围，最终满足医学教学、研究、学习和医疗决策的需求。在知识经济时代下，网络技术和计算机技术的发展，使得医学图书馆的特性也有了新的变化。

二、医学图书馆的产生与发展

18世纪以前的美国，由于还没有出现专门为患者服务的医疗机构，所以患者防病治病都是在医生家里或公共的慈善机构中进行的，也有少数的患者将医生请到家里看病。大约到了18世纪，美国才出现了专门为患者治病的医院，这就是纽约医院和费城帕塞尔瓦尼医院。在医院产生以后，医院的医生和患者都需要用到与各种疾病有关的文献资料，这给医院图书馆的产生提供了动力，所以在1763年美国就建立了最早的医院图书馆——费城帕塞尔瓦尼医院图书馆。在 1800 年以前，美国有记载的医学图书馆只有 3 所，有费城帕塞尔瓦尼医院图书馆、纽约医院图书馆和费城内科医师学院图书馆。

1836 年建立的美国军医图书馆（1956 年改为国家医学图书馆），专门收藏生物医学和相关学科的文献资料，面向生物医学领域的研究人员、教师、学生和医生，为他们提供文献信息服务，是世界生物医学领域内最大的图书馆。由于医学图书馆事业有了较大的发展，所以相关人员就有了要建立一个相应的医学图书馆方面的学术机构以促进医学图书馆事业进步发展的想法，于是美国医学图书馆协会在 1898 年成立了。此时，美国的各种医学图书馆已有一百多所。

在我国，为了提高卫生健康水平，党中央和人民政府兴建了多种不同类型的医院。要提高人民的健康水平，还必须狠抓医药卫生方面的科学研究，必须有相应的医药研究机构来从事这项工作，而且科学研究也少不了文献信息工作的支撑，所以就少不了医学图书馆。我国最高的军事医学科研机构——军事医学科学院于 1951 年成立，同时还组建了该院的图书馆，目前该馆在国内很有影响，是全军医学文献信息的中心。

医学图书馆事业的迅速发展，需要大批的医学图书情报专业人才，也就需要有培养医学图书情报人才的教育相适应。20 世纪 80 年代前期，我国卫生部（现为卫健委）4 所直属医药高校开设了医学图书情报学系，到 20 世纪末已经培养了大批医学和情报学并重、理论和业务水平较高的人才，满足了我国医学图书情报领域的部分需求。

经过 30 余年的大发展，到 20 世纪 80 年代，我国医学图书馆系统形成了由医院、医药院校、医药科研三大系统组成的图书馆。广大的医学图书馆工作人员为了做好医学图书馆工作、更好地为医学科研人员服务，先后借鉴国内外先进的理论和技术，进行科学研究，创办医学图书情报刊物，发表研究论文，成立学术团体，如此种种推动了我国医学图书馆事业的发展。

到了 20 世纪后期，由于计算机技术、光学技术、通信技术被广泛应用于文献信息领域，故其对全世界的医学图书馆的业务技术产生了深刻影响。图书馆工作人员的视野开阔，有利于文献信息资源的共建、共享，使医学专家足不出户、坐在计算机旁就可以获取自己所需要的医学信息资源。

进入 21 世纪，医学图书馆的发展更加迅速，医学图书馆工作人员更加专业化，其不仅是高素质的情报专家，而且也是用户获取医学信息的导航员。各国的医学专家可以在任何一个角落轻松获取自己需要的医学信息。医学图书馆开始向着全球化、电子化和数字化的方向发展。

医学图书馆的重要职责是系统收集医学文献，及时提供医学信息。其主要宗旨是为医疗卫生机构的科研人员及临床医生提供解决科研与临床实际工作中遇到的问题的方法和决策。

（一）医学图书馆产生的重要前提

医学图书馆产生的前提就是医疗卫生机构的建立。只有出现医疗卫生机构，医学图书馆才有产生的可能，原因主要有三点：第一，这些机构的工作人员忙于治病救人，没有足够的时间去获取相关信息或翻阅书籍；第二，医学相关的文献存在散乱、无序的状况，不同学科的文献只适合专业的某一学科的读者，读者来到图书馆时面对大量的文献无从下手；第三，现代网络技术、通信技术以及数据库技术的发展，使图书馆将大量的纸质资源网络化，只有受过专业图书馆方面教育的人员才能熟练操作并找到用户所需要的文献。

（二）医学图书馆产生的基本条件

医学文献的出现早于医疗卫生机构的出现。以我国为例，我国的医院、医学科研院成立的时间比较晚，但是很早就出现了医学文献。前人为了将医学实践活动与经验记录下来，以供后人借鉴、参考，于是便产生了医学书籍。我国最早的中药学书籍是《神农本草经》。

医生的职责是救死扶伤、解除患者的疾苦，那么医生的医术是至关重要的。在医学快速发展的今天，人类已经将过去许多的不治之症攻克了，医学的快速发展必然要求医生的医学知识快速更新，因此，医务工作者对文献的需求远大于其他学科。医学文献的出现使得整序医学文献的工作成了一种必需。因此，医学图书馆产生的两大重要条件就是医疗卫生机构的建立和医学文献的出现，同时，这也是医学图书馆能够蓬勃发展至今的重要原因。

（三）手工检索工具的出现

手工检索工具的出现推动了医学图书馆的发展迈出了第一步。手工检索是人们在检索信息的实践中采用的最传统的方法。手工检索是人们通过头脑直接判断的，借助简单的工具检索记录在普通载体上的文献信息的多种方法的总称，也是利用各种简单的检索工具查找资料的过程。顾名思义，手工检索是由人手工操作完成的，需要利用人脑进行思考与选择。

从对图书、期刊等进行分类，到编制各种目录、索引等，医学图书馆的发展向前迈出了非常重要的一步，这也是医学图书馆开展的对医学文献进行二次加工的工作，进而为医学科研工作者节省了很多查找文献的时间，同时也为书目数据库的研发奠定了基础。

（四）计算机检索的发展

计算机检索的发展加快了医学图书馆信息服务的进程。计算机检索指利用计算机检索数据库，找到人们所需的文献信息的方法。在检索的过程中，人不仅仅是检索方案的设计者，还是计算机的操纵者。计算机检索是建立在计算机、通信和网络三大技术的高速发展之上的，在信息服务的领域具有划时代的意义。计算机检索具有检索速度快、检索途径多、更新周期短、检索范围大、检索方便灵活、学科覆盖广等特点。

在 20 世纪 50 年代初，计算机开始用于信息检索。在这几十年的发展历程中，计算机检索经历了四个发展阶段，分别是脱机检索、联机检索、光盘检索和网络化联机检索。20 世纪 70 年代初到现在是网络化联机检索阶段，这个阶段实现了联机信息系统网络，人们可以在很短的时间内查询到全世界的信息，从而实现信息资源共享。因此，计算机检索的发展大大加快了医学图书馆的发展进程。

第三节　医学图书馆的性质、职能与类型

一、医学图书馆的性质

事物的属性通常分为本质属性和一般属性两个方面，但是除了这两个属性之外，还可能具有与其他同类事物不同的特性。现在就从以下三个方面对医学图书馆的性质进行分析。

（一）医学图书馆的本质属性

关于图书馆本质属性的问题，图书馆学界的说法多达十几种，其中占据主要地位的是"图书馆是文献信息交流的中介"。这个观点是从图书馆的社会职能角度出发进行分析、论证得出来的。矛盾分析法是确定事物本质属性的正确方法。因此，站在图书馆发展历史分析的角度上看，运用矛盾分析法对医学图书馆的本质属性进行研究，才是比较科学与准确的。

1. 医学图书馆自身特有的矛盾

医学图书馆自身特有的矛盾是医学文献信息资料的存储与开发利用之间的矛盾。医学图书馆不仅是为读者提供医学信息文献的机构，也是科学、教育与

文化的机构，是社会文化事业的重要组成部分，有着自己特有的内部矛盾。医学图书馆从产生开始，就承担了保存医学书籍和提供资料查询的社会职能，医学文献的存储与利用这个矛盾始终伴随着医学图书馆发展的整个过程。

关于医学图书馆特殊的内部矛盾，主要存在两种观点：一种是收藏与利用之间的矛盾。它们之间是相互联系、相互对立的关系。收藏为开发和利用奠定了基础，提供了前提；开发和利用是收藏的最终目的和归宿。如果图书馆收藏书籍的工作做得到位，那么文献的开发和利用就有了良好的基础，这样就能够提高书籍的利用率；相反，如果书籍的利用率高、开放效果明显，那么其又会促进图书馆收藏书籍工作的开展。与此同时，收藏与利用还存在着相互矛盾的方面。在相同的时期，如果在文献收藏方面投入的资金和人力较多的话，那么其开发和利用方面的投入就会减少；反之亦然。此外，读者的借书时限和数量、开架与闭架借阅等都体现了收藏与利用之间的矛盾。医学图书馆的中心工作就是处理好书籍收藏与利用之间的矛盾，尽力满足读者的信息需求。另一种是管理与利用之间的矛盾。管理的目的是利用，为了方便利用就要科学管理。这一矛盾也始终贯穿于图书馆工作的整个过程，无论是什么类型的图书馆，都要解决管理与利用的问题以及它们的关系问题。严格来说，管理与利用之间的矛盾算不上是医学图书馆的特有矛盾。管理自身就是处理矛盾的手段，不应该成为矛盾中的一方。管理与利用之间的矛盾是各个行业都要解决的问题，具有普遍性的特点。

2. 不同阶段医学图书馆的本质属性

从医学图书馆的发展历史来看，其内部特有的矛盾双方的力量发展对比不同，使得不同阶段医学图书馆的本质属性也不尽相同，这也是矛盾分析法的精髓之处。

作为一种专业图书馆，医学图书馆的出现时间比其他图书馆要晚许多。在18世纪中期，西方国家最早出现医学图书馆。中国医学图书馆的出现比西方国家晚了大约一个世纪，而且中国的医学图书馆是直接进入了近代医学图书馆时代的。随着社会和科学技术的发展，尤其是医学理论与技术的进步，医学图书馆的形式和社会职能都发生了巨大的改变。

在医学图书馆发展的初期，它没有像古代的藏书楼一样只藏不用。医学图书馆建立的初衷就是为病人和医务人员服务。在这个时期，医学图书馆医学文献存储力量的发展略优于医学文献开发与利用力量的发展，但是两者处于基本平衡的状态。

到了近代医学图书馆时期，医学图书馆内部矛盾双方的力量对比就发生了一些变化。医学文献开发与利用的力量迅速增长，虽然没有上升为矛盾的主要方面，不能撼动医学文献存储的地位，但是，也不再处于绝对劣势的地位。医学文献的存储虽然是矛盾的主要方面，但是没有占绝对优势。矛盾双方力量对比的变化直接决定了医学文献的存储是近代医学图书馆的本质属性，但是医学文献的开发与利用也是十分重要的标志与特点。因此，在这个时代，医学图书馆的本质属性是以医学文献资源的存储为主、医学文献资源的开发与利用为辅的。

进入了现代，医学图书馆的发展也进入了一个新的阶段。经过几十年的发展，医学图书馆的数量快速增长，而且随着通信技术的发展以及计算机在图书馆中的普遍应用，医学图书馆的现代化水平也随之提高，医学图书馆逐渐实现了计算机管理，启动了数字医学图书馆的建设工程，医学图书馆文献信息资源的开发与利用有了质的飞跃。医学图书馆网络的建设迅猛发展，国际医学文献保障水平显著提高，世界各地医学图书馆之间的交流逐渐增多。

通过分析现代医学图书馆的内部矛盾发现，医学文献的开发与利用又有了进一步的发展，且与医学文献在存储方面的发展不相上下了。现在，医学图书馆的内部矛盾双方正处在相互抗衡的时期，任何一方都不能决定医学图书馆的本质属性，因此，现代医学图书馆的本质属性体现了医学文献的存储和开发与利用的双重性。

随着信息存储技术的发展，医学文献的存储已经变得非常容易了，困扰图书馆发展的文献信息资源建设问题也迎刃而解了。按照事物内部矛盾双方的运动发展规律，未来医学图书馆将是医学文献信息资源的开发利用一方占相对优势地位，进而占绝对优势地位，成为矛盾的主要方面，从而决定未来医学图书馆的本质属性是以医学文献信息资源的开发利用为主、以医学文献信息资源的存储为辅。当然，未来的实体医学图书馆将不复存在，取而代之的是新的医学文献信息服务系统，这也是事物内部矛盾发展的必然结果。

（二）医学图书馆的一般属性

1. 社会性

医学图书馆是社会文明发展的产物，是根据社会的需要而产生，并且发展的。医学图书馆的社会性指在它的发展过程中，其可以体现出不同社会形态的特点。医学图书馆是人们共同使用人类精神财富的一种组织形式，具有十分明显的社会性。

第一，医学图书馆具有社会性。医学图书馆作为专业图书馆的一个典型，是随着医药卫生事业的发展以及医药卫生事业对医药文献信息的迫切需要而产生的。它不仅需要人的主观需求，也需要人提供物质条件。所以说，医学图书馆从诞生之日起就带有人类社会的胎记。在社会发展的过程中，各种社会形态、医药卫生事业的不同发展阶段都在医学图书馆的身上打上了自己的烙印。医学图书馆在不同的社会形态、医药卫生事业不同的发展阶段，具有不同的形态和特点。医学图书馆的活动同人的社会活动特别是医药卫生事业的发展密切相关。因此，医学图书馆具有十分鲜明的社会性。

第二，医学图书馆收藏的书籍具有社会性。医学图书馆的藏书是一种综合性的文化资源。这种资源不仅是人类共同创造的精神财富，也是记录医学信息和知识的载体。人们利用医学图书馆，把各个时代的医药知识积累了起来，并且传承下去。医学图书馆中医药信息的传播与使用促进了社会医药卫生事业的发展。

第三，医学图书馆的读者具有社会性。随着向社会公众开放程度的扩大，医学图书馆已成为社会群众共同使用医药信息和学习医药知识的场所。各类医药文献信息越是被读者充分利用，医学图书馆发挥的社会作用就越大。因此，不仅要保护读者使用图书馆的权利，还要为读者创造有利于他们使用图书馆的条件。当然，医学图书馆应该根据自己的实际情况，确定自身服务的重点，确定重点服务对象。但是，就整体而言，医学图书馆的服务对象应该是社会全体公民。

第四，医学图书馆的事业和工作具有社会性。医学图书馆事业本身就是一项社会性事业。办好医学图书馆事业不是单独依靠一个部门就可以完成的。医学图书馆事业要想蓬勃发展，就必须依靠全社会的力量。因此，一定要实现图书馆事业组织的网络化。医学图书馆工作的社会性指资源共享的社会化趋势。现在重大的医学研究课题通常具有综合性的特点，这就要求在组织文献资源时，要充分实现从地区范围到国际范围的资源共享。医学图书馆事业组织的网络化和医药文献信息资源共享的社会化是紧密联系的。前者是后者的组织保证，而后者是前者的根本出发点和归宿。

2. 科学性

第一，医学图书馆是整个医学科学研究大系统中的一个子系统。医学科研工作者进行科研活动必须广泛地搜集和掌握有关的医学文献和情报资料，以了解前人的成就和科学技术发展的动向，扩展思路，避免重复劳动。而医学图书馆是为医学提供文献资料的社会机构，医学图书馆活动是医学科研活动的重要组成部分。从整体上来看，医学图书馆的工作可以看作医学科研工作的前期劳动。事实上，离开图书馆，医学科研工作就无法顺利进行下去。而且，作为科学专业图书馆，医学图书馆还包括医学高校图书馆，其科学性体现得更为突出。

第二，医学图书馆工作本身就是科学性的劳动。医学图书馆根据读者的要求对医学文献资料进行搜集和整理、分析和加工、组织和存储、宣传和推荐、检索和提供，即从事医学知识文献的积累和传播工作，这是一种复杂的科学性劳动。大量的医学图书馆工作都隐藏在流通阅览工作的背后，而这些工作恰好是最具学术性的工作。图书的分类、编目以及管理等工作都带有一定的研究性质，工作人员必须付出巨大的脑力劳动才能做好。而解答读者咨询、进行情报分析等各项工作都是学术性的活动，难度很大，没有一定综合研究能力的人是不能胜任的。

第三，医学图书馆的工作人员很大一部分属于科研人员。无论是国内还是国外的医学图书馆，都有一批有较高学术造诣的医学专家和医学图书情报专家，他们中的许多人直接参与科研课题的研究工作并取得了相当层次的研究成果。同时，医学文献信息的交流工作也需要开展学术性的研究活动，即医学图书情报工作的理论与实践研究，这些研究活动大部分是由医学图书馆的工作人员完成的。

3.服务性

医学图书馆是利用医学文献信息为读者服务的，从这个意义上讲，医学图书馆是服务性机构。另外，所有图书馆的出发点都是为读者服务。

第一，帮助读者使用医学文献信息是医学图书馆工作的宗旨。医学图书馆是帮助人们利用医学文献，充分发挥医学文献作用，造福于人类的社会机构。分散的医学文献资料，通过有目的的收藏和科学的整序，变为医学图书馆的文献信息资源，这样就能长久地、反复地、有效地被众人利用，从而传递出其中蕴含的思想、知识和情报，进而将其转化成物质财富和精神财富。而这一切都必须通过医学图书馆的工作，才能实现，进而体现出医学图书馆的社会价值。各种类型的图书馆都在认真研究，如何才能更多地吸引读者，最大限度地发挥文献信息的作用；如何才能帮助读者利用信息，最大限度地满足社会的需求，这是图书馆的根本问题。

第二，图书馆服务工作的实质是"为人找书，为书找人"，医学图书馆也不例外。为了使收藏的医学文献信息发挥应有的作用，使读者获得有用的医学文献信息，医学图书馆员要熟悉医学知识、熟悉馆藏文献、熟悉读者，在读者和医学文献信息之间架起桥梁，起到中介作用。

（三）医学图书馆的特性

医学图书馆除了具有图书馆的一般属性之外，还具有自身的一些特性。其主要包括文献信息资源的学科专指性、主办单位的行业性、服务对象的专业性三方面。

1. **文献信息资源的学科专指性**

医学图书馆最突出的特点和最明显的标志就是它所收藏的文献信息资源以医学、药学及相关学科为主，这也是医学图书馆与其他类型图书馆的根本区别。不同类型的医学图书馆收藏的医学、药学及相关学科文献信息占其馆藏全部文献信息资源的比例有所不同，但以医学、药学及相关学科文献信息为主是绝对的，否则就不能称其为医学图书馆了。

2. **主办单位的行业性**

医学图书馆由医药卫生系统或与医药卫生系统紧密相关的行业主办，这是由医学图书馆的宗旨和服务面向决定的。其中，医院系统图书馆直接由各医院主办；医学科研系统图书馆由隶属于不同行业的医学科研单位主办，如解放军医学图书馆由军队系统中的卫生管理部门主办。医学高校系统图书馆的情况相对比较复杂，军事医学院校图书馆由军队系统主办，普通医学院校隶属关系因高校体制改革而有所变化。普通医学院校过去分别隶属卫生系统、中医药管理系统、教育系统，目前都归属教育系统管理，因此，普通医学院校图书馆是由教育系统主办的。但医学院校是为医药卫生系统培养高中级医学人才的，是医药科研的主要力量，也是与医药卫生系统紧密相关的行业。普通医学院校图书馆并不因为隶属关系的不同而影响其为医药卫生系统服务的职能的实现。

3. **服务对象的专业性**

与其他类型图书馆相比，医学图书馆的服务对象主要是本系统，即医药卫生和医学教育行业。医院图书馆、医学高校图书馆、医学科研图书馆主要为本单位的医护人员、进修人员、学生提供医疗、教学、科研、业务学习的条件，提供文献信息服务。读者大部分具有医学学历或正在接受医学教育、从事或即将从事医疗、医学科研和教育工作，其他读者也都在医药卫生系统工作，系统外的社会读者很少。服务对象隶属医药卫生行业的专业性决定了医学图书馆文献信息的学科专指性。随着文献信息资源共享工作的推进，各类医学图书馆之间互相开放的程度逐步扩大，这客观上促进了医药卫生系统内部的交流。

医学图书馆服务对象的专业性是由其主办单位的行业性决定的，而主办单位的行业性和服务对象的专业性又决定了文献信息资源的学科专指性。

二、医学图书馆的职能

一个社会机构的职能是由它的性质决定的。现代医学图书馆的本质属性体现了双重性，即医学文献信息资源的存储和开发利用的统一。现代医学图书馆的这一本质属性可以从以下几方面来体现。

（一）医学文献整序的职能

图书馆在长期的发展历史中，始终是一个搜集、整理、保存、传播人类文化知识的社会机构，负责对文献信息进行整序、存储，医学图书馆也是如此。

医学及相关文献约占全部科技文献的四分之一，文献数量大，数量增长快；文献内容更新老化快；文献类型复杂；文献内容交叉重复；文献所用语种多样。这些因素使得医学文献被利用的难度更大。为了使人们可以更加方便有效地利用医学文献，对医学文献的流向进行控制，对文献进行整序就成为必然。医学图书馆就是能够对医学文献进行整序的一个社会机构。因此，医学文献的整序便成为医学图书馆的职能之一。

医学文献整序就是把分散、无序的医学文献整理成集中、有序的医学文献，进而方便读者使用，为读者查找文献节省一定的时间。医学图书馆的整序职能是通过对馆藏文献信息的收集、分类、编目、组织、保护等手段来实现的，也是医学图书馆进行文献开发与利用的物质与技术基础。没有医学文献整序的功能，医学图书馆的性质就无从体现了。

（二）传播医学知识信息的职能

人类已有的医学知识和文献，主要集中储存在各类医学图书馆中。利用本馆收藏的文献信息或馆外文献信息资源，通过必要的技术手段，满足读者特定的文献信息需求，是所有图书馆最主要的职能，医学图书馆也不例外，只是其所提供的文献信息具有明显的医学专业特点。医学图书馆是医学知识的宝库，具有多种社会职能，其中传播医学知识信息是医学图书馆的根本目的和工作目标。医学图书馆传播医学知识信息的职能是通过医学文献的流通来实现的，传递医学文献是表象，传播医学知识信息是根本。传播医学知识信息是通过馆员的智力劳动，在馆藏医学文献信息与读者特定文献信息需求之间选择最优化的交流渠道，最大限度地发挥馆藏医学文献信息的社会价值的过程。

医学图书馆传播医学知识必须建立科学的馆藏文献信息揭示与检索系统，即目录体系，使读者了解本馆的文献信息资源情况，检索自己需要的特定文献信息。目录体系的优劣在很大程度上决定了开发和利用馆藏文献信息资源的可能性和深度。

传播医学知识的一个重要方面是普及医学知识。随着社会的发展、生活水平的提高，人们对健康越来越重视，迫切需要了解和掌握基本的医学常识和保健知识。医学图书馆通过向非医学专业人员和社会读者提供医学文献借阅服务，客观上起到了普及医学知识的作用。

医学图书馆传播医学知识信息的职能是通过流通阅览部门的工作来实现的。所以，这个部门工作水平的高低对医学图书馆功能的发挥有着直接影响。

（三）开展社会教育的职能

医学图书馆具有开展社会教育的职能，主要是一种对文献信息的组织、处理与运用的教育方式。在使用图书馆的过程中，读者可以锻炼自己的自学能力、搜集与筛选资料的能力，还可以提高自己的情报意识，这也是现在社会要求各种人才必须具备的一种素质和能力。医学图书馆的社会教育功能体现在对读者进行的图书馆教育上，这些图书馆教育包括阅读方法教育、书目知识教育等。它们可以启发读者的智力，培养读者的思维能力等，还可以在一定程度上提高读者的学习效率。图书馆还应该是学生的"第二课堂"，是学校教育不可缺少的组成部分，是提高教育质量的重要力量。

医学图书馆的社会教育职能主要是通过开展医学文献检索与利用技能的教育来实现的。特别是医学高校图书馆，较早地开展了医学文献检索与利用技能的教育，取得了很好的效果。目前，医学高校的医学文献检索与利用技能的教育在全国高校各专业的文献检索与利用教育中处于领先地位。

（四）保存医学典籍的职能

图书馆是保存各民族文化财富的机构，它保存的记录人类活动和科学知识的文化典籍是最广泛、最完整的。世界上历史悠久的图书馆都成了保存人类文化遗产的宝库。图书馆是以记录人类文化成果的文献为物质基础而开展各项业务活动的，离开了文化典籍的保存图书馆就不能为社会提供服务，所以说，图书馆的各种功能都源于其存储文献的职能。保存文化典籍是所有图书馆的一项基本功能。正是图书馆收藏文献的活动，才使得许多重要的、有极高历史和学术价值的文献能够保存至今，为人们了解历史提供了依据。

医学图书馆保存医学典籍的职能来源于图书馆保存文化典籍的职能。医学典籍也是人类文化遗产的一部分。医学图书馆自存在之日起，就一直承担着收藏、存储医学文献信息的基本责任。医学图书馆在自身的发展过程中，保存的文献载体形式在不断发生变化。随着文献存储技术的发展，医学图书馆的这一功能会越来越强大，为医学信息资源的开发创造了更有利的条件。

医学图书馆保存医学典籍的职能，更多地体现在对文献信息的利用上。保存的目的在于使用。同时，今天医学图书馆搜集到的医学文献信息，具有为未来保存医学典籍、提供了解今天历史现状的意义。

综上，医学图书馆的各种职能是在医学图书馆的发展中渐渐形成的。在医学图书馆发展的不同阶段中，医学图书馆的职能也要根据其任务、服务对象、收藏范围和所在地区等具体情况的不同而发生变化。因此，每个医学图书馆都应该根据自己的实际情况，发挥图书馆的职能，办出自己的特色。

三、医学图书馆的类型

图书馆类型的划分标准是多种多样的。例如，可以按馆藏和人员规模进行划分，还可以按照现代化程度进行划分。在图书馆的实际工作中，最常用、有指导意义的是按所属系统、服务对象划分的图书馆类型。

（一）医学科研系统图书馆

医学科研系统图书馆隶属于医学科研系统，职能是为本单位或本系统的科研工作服务。其工作的重心就是科研，配合科研的工作，为科研工作提供各种各样的文献信息和参考咨询服务，为科研工作的开展提供动力，保证科研任务的顺利完成。医学科研系统图书馆服务的对象是本单位专业科研人员，他们具有较高的专业水平和外语水平，具有一定的信息检索能力。他们需要的文献信息是与医学研究课题关系密切、专业且有深度的信息，要求能反映医学研究领域的国际最新发展动态与前沿，更依赖于时效性强的电子文献，既需要一次和二次文献，又需要三次文献。针对医学科研人员的需求特点，采取相应的对策，提供高水平、多层次、多方位的医学文献信息服务，是医学科研系统图书馆的任务。

医学科研系统图书馆为医学科研服务的性质决定了其馆藏的语种结构和学科结构。在这种类型的图书馆中，外文文献所占比重比较大，收藏的文献基本以所属医学科研机构的专业方向相关的专业文献资料为主，此外，对相关学科文献信息，如生物学、化学、农业等也有相当比例的收藏，其他学科文献信息也有所收藏。因为医学科研机构多从事基础医学研究，所以，图书馆收藏的基础医学文献所占比例明显较大。医学科研系统图书馆所收藏的医学、药学文献信息品种多、复本少，占全部馆藏文献信息资源的比例低于医院图书馆。

医学科研系统图书馆接受其归属的科研机构管理。医学科研机构的学科性质直接影响图书馆的馆藏建设，甚至是决定了图书馆馆藏的特征。医学科研系统图书馆组织机构的设置因规模大小而异。

（二）医学高校系统图书馆

医学高校系统图书馆归属于医学高等院校系统，其职能是为所属医学高校的教学、科研提供文献信息服务，保证教学、科研任务的完成。这种类型的图书馆的读者主要包括医学专业的教师、本专科学生和研究生。医学本专科学生需要娱乐休闲类书刊、教学参考文献、专业图书，医学研究生需要具有一定系统性和专深性的医学文献，教师则需要成熟、准确的教学方面的文献和新颖、专深、系统的科研方面的文献。

医学高校系统图书馆的馆藏首先应满足对学生教育的需要。这部分藏书包括各医学专业学生学习所需的医学基础和专业教材及其相关的教学参考书，学科面广但不深奥，还包括学生学习外语、计算机、政治、法律等公共课所需的文献及文艺、体育等文献。同时，广泛收集国内外医学及医学相关专业文献，既能综合各类医学先进技术，又能反映某种领域的各种成果，并针对重点学科、重点专业建设重点馆藏。总之，医学高校图书馆的馆藏以生物医学专业为主，同时兼顾其他专业的综合性藏书体系。从专业深度上来说，其包括了从基础到高深等各个层次，可以满足学生和教师的各种学习需求。

医学高校图书馆隶属于所依附的高校，受教育部、其他部委或省教育厅领导，国家或省级图书馆学会对其进行业务指导。图书馆内部采取馆长负责制的管理模式，与科研系统图书馆和医院系统图书馆相比，医学高校图书馆普遍规模较大，行政和业务机构设置完整。著名的医学高校图书馆有中国高等教育文献保障系统（CALIS）全国医学文献信息中心——北京大学医学图书馆、全国高等医学院校图书馆资源共享协作网华东地区中心馆——复旦大学图书馆医科馆等。

（三）医院系统图书馆

医院系统图书馆归属于医院系统，主要职能是为临床提供服务，同时也为科研、继续教育和患者提供服务。与其他医学图书馆相比，医院系统图书馆侧重于为临床和科研提供相关服务。医院系统图书馆的读者主要是本医院的医护人员、患者及其家属。医护人员需要比较系统且完整的临床医学文献、基础医学文献以及一些相关的其他专业文献，可以将临床医学的最新进展及时反映出来；患者及其家属需要与疾病相关的浅显易懂的医学文献及健康保健类科普读物。

医院系统图书馆的馆藏与科研系统和高校图书馆的最大区别在于它注重临床医学文献的收集，并兼顾一定的基础医学和其他学科文献。医学文献信息占馆藏全部文献信息资源的比例最高，与医学、药学相关的学科文献信息占馆藏全部文献信息资源的比例较低，其他学科文献信息所占的比例更低。对于综合性医院来说，其注重临床医学文献的完整性，并能为医院的重点科室和重点项目建设重点馆藏。对于专科性医院来说，重点收藏与本专科相关的医学文献，要求具有系统性和专深性，同时收藏浅显易懂的医学文献及健康保健类科普读物。

医院系统图书馆受所依附的医院管理。医院图书馆为小型图书馆。医院系统著名图书馆有北大医院图书馆、上海瑞金医院图书馆等。另外医学卫生企业、学术团体卫生行政机构也设有图书馆（室）。

公共图书馆、科研图书馆、除医学高校图书馆以外的其他高校图书馆等对医学文献信息也有一定的收藏，但以基础性和普及性读物为主，其在馆藏总量中所占比例很低，不是收藏和传播利用医学文献信息的主要阵地。

第四节　医学图书馆的改革与面临的挑战

一、医学图书馆的改革

（一）办馆条件明显改善

图书馆馆舍是图书馆发展的一个重要条件，馆舍过少会在一定程度上制约图书馆的发展。随着改革开放的深入，我国图书馆馆舍的条件迅速发展，馆舍的数量和面积都大幅度增加，设计也采用了比较先进的理念，为图书馆事业的发展创造了有利的环境。另外，国家的经费投入也在持续增加。中国医学科学院图书馆在成为国家科技图书中心医学馆后，外文期刊等文献资源的采集以实报实销的方式得到了国家科技部的大力资助。医学院校图书馆的经费状况也得到了一定程度的改善。调查显示，医学院校图书馆的经费总投入大幅增加，尤其是一些重点医学院的图书馆的投入经费更是十分巨大。根据解放军医学图书馆的调查，军队医学图书馆的文献资源经费投入也增长很快，与以前相比，作为全军医学文献信息中心的解放军医学图书馆的业务经费增长了上千万元，4所军医大学图书馆的平均经费也增长至原来的几倍。上述调查说明，各医学图书馆主管机构不仅越来越看重图书馆的建设，而且还给予了其很大的经费支持，这对医学图书馆的发展有十分重要的作用。

（二）法制建设有效加强

为了促进我国图书馆事业的发展，政府和有关部门先后颁发了一系列指导性文件、政策和条例，积极推动了包括医学图书馆在内的我国图书馆事业的整体建设与发展。我国相关部门还正式下发了一些与医学图书情报工作相关的专门的条例，对医学情报机构、情报网、相关学科的建立与发展等工作起到了极大的推动作用。

（三）自动化、网络化程度逐步提高

改革开放以来，随着科学技术的不断发展，医学图书馆普遍应用了计算机、网络、数字、多媒体等新技术，因此，我国医学图书馆事业也发生了根本性的变化，实现了从手工操作到自动化与网络化操作的转变，从而使图书馆的工作效率与服务质量得到了提高，也增强了读者利用图书馆的方便性以及文献保存的可靠性。通过对38家图书馆进行调查发现，在自动化建设方面，这些图书馆已经引进了图书馆自动化管理集成系统，完全实现了内部业务的计算机管理。在网络化建设方面，它们建立了图书馆网络，实现了数字资源的网络化管理以及业务管理的网络化处理。除此之外，一些条件比较好的科研系统和院校医学图书馆也陆续完成了书目数据库、文摘数据库和专题数据库等多种类型文献数据库的研制。这些文献数据库已经应用在了多家卫生单位，并且得到了行业内人员和用户的称赞。医学图书馆的自动化与网络化的推进，不仅仅促进了医学图书馆工作的开展，而且还从根本上改变了传统医学图书馆的物质基础和信息交流与传播环境。

（四）业务管理水平逐渐提高

在管理机制方面，我国医学图书馆界基本上都进行了人事制度的改革，主要采取了四种措施：第一，实行定编、定岗、定职制度，以精简人员、提高效率为原则，结合图书馆的实际情况，进行岗位设置以及职责分配；第二，实行岗位责任制，实现各项工作的规范化以及制度化，制订奖惩制度；第三，实行任期目标责任制，制订合理的考核方法，开展评聘职称工作，进一步强化考核

工作；第四，实行全员聘任制，竞聘上岗和双向选择相结合，人才管理的局面变得十分活跃。应该说，遍及全国图书馆界的人事制度改革的不断深入，极大地调动了图书馆工作人员的积极性，成为促进图书馆发展的重要措施之一。

在管理观念方面，经过多年发展，图书馆工作者的观念有了很大的转变，主要体现在三个方面：第一是信息观念的转变，从重收藏、轻利用转变为积极开发利用信息资源，信息资源的开发利用成为图书馆的一项重要工作；第二是馆藏管理观念的转变，从封闭或半封闭向开放型馆藏管理观念转变，将"以书为本"转化为"以人为本"；第三是效益观念的转变，从重视收藏数量和规模转变为重视效益。不断提高文献的利用率，使文献的价值充分体现出来，进而使社会效益和经济效益有效结合，成为图书馆服务的重要目标。

二、医学图书馆面临的挑战

目前，图书馆正处于一个信息环境的革命性变革时期。医学图书馆也面临着众多的挑战。

（一）新的信息环境已形成

科学技术的飞速发展是推动图书馆事业发展的重要因素。无论是传统的印刷术，还是现代的复印技术，都大大促进了图书馆事业的发展。现代信息技术指以计算机技术以及通信技术为代表，对各种信息进行处理、传播与使用的新技术体系。随着现代信息技术的广泛应用，人类早已进入网络时代。目前，现代网络已经创造了一个崭新的信息交流环境，并且能够持续促进新型信息服务机制。在这种信息环境下，信息资源日益丰富，信息检索手段更加方便灵活，信息检索传播的限制已经被迅速打破，用户可以利用这个信息网络更加方便地搜索、筛选与使用各种文献资料和信息服务，这些资源和服务构成了用户的信息体系，形成了虚拟馆藏与虚拟信息系统机制，而单个信息机构和所有物理资源的作用已经被弱化，这就要求相关机构要重新思考并且构建自己的运行发展基础。

（二）信息资源复合化并存发展

随着科技的发展和图书馆事业的发展，数字文献信息资源已逐渐成为最活跃的主流信息资源。世界上的科技与学术期刊基本都在以电子的形式出版，并且提供联机使用。但是，印本文献的数量并没有因此减少，很多的出版机构会在出版印本文献的同时，推出电子版或者网络版文献，这样在一定程度上缩短了信息的生成周期，突出了数字文献便捷的特点。在我国，传统文献的出版量也没有减少，而印刷型文献出版的品种和电子出版物的品种都有很大程度的增加。因此，不同类型、不同载体的文献信息的并存发展，构成了当前信息资源的多元化格局。但是，随着原生数字资料和印本文献数字版的大量涌现，随着旧有的文字排版技术逐步退出历史舞台，印本文献广泛地采用计算机生成技术，可以说，以数字形式生成文献的条件已经形成。而人们固有的阅读习惯、贫富之间造成的信息鸿沟等因素的存在，使得数字资源完全取代印本文献还只是一种愿望和设想，印本文献和数字资源将在今后很长一段时期内并存。因此，国内外图书馆目前大多以馆藏资源为依托，利用馆藏资源建立文摘型、全文型数据库，并设立相应的用户检索服务平台和信息服务系统，来满足用户对不同文献载体的信息需求，同时，图书馆现有的数字文献、印本文献并存且复合化发展的趋势，对图书馆的自动化与网络化建设、馆员队伍建设等也提出了更多、更高的要求。

（三）读者和用户的信息需求日益增长

传统的图书馆主要向读者提供印本文献信息，读者必须到图书馆去查阅才能得到所需信息，这样的话，图书馆的工作与读者的需求都会受到不同程度的限制。在现在这种网络信息环境下，读者的需求从根本上发生了变化，图书馆提供一本书或者一篇文章已经不能满足读者的需求了。现在的读者要求图书馆提供综述型、单元型、全文型等多种类型的知识信息，并且希望在尽可能短的时间内获得最新的信息。这些要求使得信息需求呈现出个性化和学科专业化的发展趋势。因为医学图书馆的服务对象主要是卫生科技工作者，所以这种知识化信息需求显得更为迫切。随着网络技术的发展，各种信息服务和卫生科技人员的工作逐渐向数字空间聚合，卫生科技人员的工作空间和流程也逐渐实现了数字化，改变了他们信息需求的主要指向和信息检索的方式，他们对个性化检索、信息推送、信息组织等知识服务的要求也是越来越高，并且要求图书馆对不同载体、不同格式的信息资源进行合理整合，积极建立与健全与其相适应的服务机制，也就是说，医学图书馆的服务范围从提供印本信息发展到了提供多类型、多载体、多媒体信息。

第二章　图书馆馆藏建设

馆藏建设又称图书馆藏书建设，是图书馆最重要的基础建设内容之一。迄今国内外无论哪一个图书馆都没有人忽视馆藏建设的重要性。只是时代在发展，形势在变化，馆藏建设的概念在更新，内涵在不断丰富。本章内容分为馆藏建设的方法与原则、馆藏建设的组织与馆藏文献管理和图书馆文献信息资源建设三方面。

第一节　馆藏建设的方法与原则

一、馆藏建设概念的发展

我国早期的馆藏建设被称为"采访"，意指"采而有之，访而求之"，反映了当时科学技术尚不发达、文献出版量较少的情况，图书馆要收集起相当数量的馆藏有一定的难度。第二次世界大战后，国际上的科学技术发展很快，文献出版量也随之日益增长，这些为馆藏建设提供了机遇，同时也带来了一些新的课题，集中反映为任何图书馆都不大可能将所有出版物全订全收。因此，我国图书馆界在20世纪60年代，改变了"采访"概念，常用"藏书组织""藏书补充"或"藏书发展"来表示这项工作。同时，国际上也产生了"零增长"理论，这对图书馆馆藏建设产生了很大影响。20世纪70年代，随着科学技术的迅猛发展，文献出版量激增，这被人们惊呼为"知识爆炸"。在这一背景下，国外有些图书馆提出了"馆藏建设"的概念，我国图书馆界很快便接受了这一观点，并不断丰富其内涵，系统地提出了一整套具体内容和要求，主要包括藏书规划和计划、文献选择与收集、馆藏复选与剔除、藏书评价、馆际协调共享等五项主要内容。

与此同时，美、英、法等西方图书馆界在实施"法明顿计划"的基础上，分别提出了一些旨在统筹规划、协调收藏的法令、计划等政府文件，如北欧四国的斯堪的亚计划和美国的"全国图书馆和情报工作计划"等。之后，我国图书馆界、情报界为了从宏观角度建立全国、地区或专业系统馆藏建设的协调、合作，提出了"文献资源建设"的概念。由此，我国图书馆馆藏建设的理念趋于成熟，走上了与国际接轨的道路。

但是，理论上的成熟并不等于实践上的畅通无阻。观念陈旧和管理思想落后一直是困扰我国图书馆健康发展的主要矛盾，集中反映为用封闭保守、自给自足的传统管理思想从事馆藏建设。

进入20世纪90年代后，随着因特网风靡全球，我国图书馆的馆藏建设先后受到两次冲击：一是有些人认为无纸图书馆即将来临，加上书刊定价一路猛涨的客观因素，故以印本书刊为主要收藏内容的馆藏建设呈急剧下滑趋势，不少图书馆人错误地以为网上文献信息如此丰富、利用如此方便，馆藏建设已变得微不足道，没必要再以大量资金收订印本书刊资料。然而与此同时，国内外的文献出版业不但没有萎缩，反而日益兴旺发达。这种反差一度引起了人们的深思：究竟有无必要组织馆藏。实践证明，馆藏建设固然不能取代网络文献信息资源，但网络文献信息资源同样也不能取代馆藏建设。或者说，图书馆需要网络文献信息，而网络文献信息更需要丰富的馆藏文献信息资源作补充。二是近年来，由于上网用户日益增多，而且有许多人绕开图书馆从网上获取文献信息，所以一些图书馆人自然会怀疑网络的发展会取代图书馆的功能，这为馆藏建设蒙上了一层阴影。

然而，事实是最有说服力的。人们经过一番迷惘以后，终于清醒了过来。目前学术界提出的"复合图书馆"论点，认识到数字图书馆的范型转变要有一个较长时期的过程，在转型期内，传统图书馆的馆藏建设仍然十分重要，甚至可以说没有一定数量与质量的馆藏文献，就不会有数字图书馆一说。其基本的事实是，所谓数字图书馆是把馆藏印本文献及电子版文献进行整合，实现数据转换并在网上传输，使之成为普遍可用的共享资源。在这个意义上，正如有人所说的数字图书馆与传统的馆藏建设是一种相辅相成、互为补充的关系，传统图书馆不能取代数字图书馆，数字图书馆也同样不能完全取代传统图书馆。它们之间只能是优势互补，而不是互相排斥。这样一来，如同一阵清风吹散了迷雾，人们心安理得地不再排斥某些传统的图书馆馆藏建设，而是在馆藏建设中注入新的内涵，将其提到应有的地位上来。当然，这是变革中的不变和不变中的有变。具体地说，就是现时的馆藏建设既是数字图书馆的基础，也是数字图书馆的补充。实际上印本文献有其一定的优势，远未失去其特定的作用；电子版文献至今也未完全普及，它目前所表现出来的优势还不足以完全取代印本文献。总之，现在的馆藏建设是包括印本文献、电子文献和网上文献信息资源在内的整合概念，这成为复合图书馆的主要特征。

二、馆藏文献建设的方法

（一）经验总结法

经验总结法是人们提高认识、做好工作的常用方法。它大致指，对工作中自己感受到的有价值的经验进行描述、梳理、比较、归纳、概括，力求提炼出带有规律性或一般意义的东西，以便指导今后工作。经验总结法带有天然的联系实际的优点，属"短平快"的研究方法，特别适合在新事物出现之际对其进行认识，也适合对某一复杂问题局部性状、特征的描述概括，是初学研究者可以首先采用的方法。馆藏文献建设首先是一种工作和事业，用经验总结法对它进行研究十分必要。但经验总结法不可避免地会受研究者的思想观念和理论水平影响，这导致研究者对事物的前瞻性研究不是很强，从而就要借助理论方法。

（二）调研统计法

调研统计法也是一种常用的研究方法。它对研究对象的描述、梳理、比较、归纳、概括，需要建立在通过大量调研获得的事实、数据的统计之上，要求运用数理统计和分析方法，从而揭示出研究对象的数理统计学形状和规律。调研统计法强调密切联系实际，其所获结论以数学原理为基础，揭示性好，规律性强，有说服力和前瞻意义，因此对含有大量"大数现象"的馆藏文献建设研究来说，是一种重要的研究方法。但在运用它的时候，需要注意所选研究对象的切入角度。类别的角度或深度不同，结论可能有很大差异。为了选准角度，需要对事物有系统的认识和掌握。

（三）系统分析法

系统分析法是基于系统观点来进行分析的方法，也是目前各门学科普遍采用的一种研究方法。它的基本原理是将任何事物都看作某一环境下的功能系统，该系统在结构上可以分解为若干有机的子系统，子系统之间，环境和系统之间，以及系统的产生、发展和解消之间，均应有种种联系。系统分析法便于动态地、发展地掌握事物的全貌、过程、本质和联系，对加深馆藏文献的建设极为重要。

（四）评价法

评价法是建立在价值论基础上的研究方法。它指以事物总体、个体或某些部分为对象，以确定衡量标准、进行状态描述分析和价值判断为进程，对事物价值关系进行研究，并以此达到有助于深化对事物的整体认识的一种研究方法。一项研究或一个事物的各方面问题，往往呈现着复杂的关系，它们在不同的价值评判面前，占有不同的比重。如果问题的价值大小不明，那么研究本身就难以自觉。因此评价往往是研究的首要问题。评价法对研究起导向作用。馆藏文献建设的研究要达到较为自觉和深入的程度，就必须借助评价法。

除此之外，在馆藏文献建设研究中还可以采用其他方法，如比较法、观察法、实验法、文献法等。要取得较好的研究成果，就应该将各种研究方法结合起来，取长补短，遇到不同研究时，有针对性地运用。不能将它们孤立起来，截然分开。

三、馆藏建设的原则

（一）目的性原则

图书馆有各种不同的类型，它们不同的性质、任务、服务对象，决定了其不同的收藏内容、范围、重点。医学图书馆是为医疗、科研、教学、管理决策服务的专业技术部门，其藏书建设必须有密切联系实际的目的性，防止盲目滥购。

（二）实用性原则

实用性原则指藏书必须符合客观的实际使用需要。收藏文献资料不是为收藏而收藏，而是为使用而收藏。只有符合实际需要，使藏书在文献流通中能被广泛利用，这样的收藏才有价值。

（三）系统性原则

藏书的系统性有两层意思：一是重点藏书的系统完整，二是馆藏文献必须相互联系，有比例，成体系。对于医学图书馆来说，医学及相关学科书刊在品种和数量上应占70%～75%，社科、政治和文艺书刊占25%～30%。其中科技期刊的经费占用应超过70%。总之，藏书的系统性是一个有区分、有重点、有层次、有适当比例，并长期收集、累积而成的体系。

（四）明确研究目的原则

这是一个研究方向上的原则。认识世界是为了改造世界，研究问题是为了解决问题。今天我们研究馆藏文献建设，最终是为了建立适用的中国馆藏文献建设理论，为了能有效地解决中国馆藏文献建设中出现的问题，为了更好地推动中国馆藏文献建设事业向前发展。这一研究的基本出发点和归宿，需要首先明确。如果研究的定位、定向问题不解决，那么研究方法就失去了前提、保证。

（五）理论联系实际原则

这是一个研究作风的原则。实践是产生和发展理论的源泉，也是检验和评判理论优劣得失的最终标准。实践在发展，理论随着实践的发展也在发展，这是正常现象。理论可以对实践产生指导作用，包括较长时间的指导作用，甚至比较准确的预言作用。但理论不是预言家，不可能言中将来发生的一切事情和细节，也不可能给未来开好包治百病的药方。理论的力量在于应用，也来自应用。只有不断在实践中被应用、检验，并根据实践不断调整和提高的理论，才是有生命力和有价值的理论。

摆正理论与实际的关系，将两者紧密结合，是目前搞好馆藏文献建设研究的重要课题。吴慰慈先生1998年在《图书情报工作》首期发文，发出图书馆学科要"本土化"的呼吁，这对馆藏文献建设研究，有切中时弊的意义。宏观的学术视野和适当的超前意识在理论研究中无疑是极为重要的，但必须"以土为本"，脱离实际的理论难以产生指导意义。

（六）发展与剔除原则

藏书的发展指藏书数量的增多，藏书的剔除指藏书的新陈代谢。建设有合理结构和科学体系的藏书，可以通过不断收集新书又不断剔除滞书来实现。只有不断发展新书，藏书才具有活力；只有不断剔除滞书，藏书才能健康地发展。

（七）分工协调原则

分工协调原则指同城或同一地区各个图书馆，从全局出发，统筹规划各自的藏书建设，建立多馆分工合作的藏书体制，形成相互协调、相互依存、资源共享的文献资源保障体系。协调分工与资源共享是现代图书馆藏书建设的必然发展趋势。在计算机应用日益普及、网络建设迅速发展的条件下，分工协调已变得简单易行，但关键在于认识上的统一和文献资源共享共建体制的形成。

（八）节约原则

节约原则要求做到少花钱、多办事，使有限的经费发挥最大的作用。在书刊大幅度涨价、图书经费相对不足的情况下，贯彻这一原则是非常有必要的。

为了节约经费，缓解客观需求与实际收藏能力之间的矛盾，可以采取以下措施：一是强化经济意识，防止滥订滥购，馆际间应互通收藏信息以尽量减少不必要的重复；二是区别不同情况，合理确定复本指数；三是充分利用各馆和网上文献信息资源；四是通过藏书评价，对藏书制度进行合理调整；五是做到保证重点、照顾一般。

四、医学图书馆馆藏建设的特点与基本要求

（一）特点

医学图书馆的收藏能力都是很有限的，虽然经费有的多些，有的少些，但一般都不可能独立地满足用户日益增长的文献需求，而且检索手段越先进，原始文献保障率就会越低。特别是医疗实践中的应急需要频频发生，如果原始文献不足，那么常常会造成不可想象的后果。

（二）基本要求

医学是一门应用学科，与其他多学科、多种知识门类息息相关。医学图书馆要做到应有尽有是不可能的，也是不必要的。但为了做到大体适应客观需求，要在掌握馆藏建设原则的基础上，严格掌握收藏标准，协调各种比例关系。其具体要求主要有以下几点。

1. 藏书成分

①基础藏书：按照本单位类型、任务、各项工作需要而收藏的藏书，包括各有关专业学科的各种文别、各种内容和各种出版形式的书刊资料。这种收藏是多读者、高利用率的藏书。

②重点藏书：包括为本单位重点任务、重点建设学科、重点服务对象配备的专门用书，以及根据馆际协调分工所承担的某种（类）藏书。同时还包括某些特种文献，如孤本书、绝版书、高密级资料、少量特许进口的外文原版书和为重大科研课题所收集的系列文献资料等。这类藏书通常被称为特藏，有特定的需要和特定的读者对象。

③一般藏书：指上述两类藏书以外的其他藏书。包括科普读物和丰富业余文化生活的书籍等。这类藏书在某种意义上有特定的功能，并非无关紧要。如构建学习医院、学习图书馆，对提高人们的文化素养、进行政治思想教育、普及法律知识、提高计算机与网络应用知识水平等，具有非常重要的作用。

2. 主要藏书内容及其主从关系

①医学专业学科与相关学科，以医学专业学科文献为主。

②基础学科与临床学科，以临床学科为主。

③现实需要与未来需要，以现实需要为主。

④中外文医学文献，以中文医学文献为主。

⑤专著与期刊的经费占用，以期刊为主。

⑥权威性经典专著与一般专著，以经典专著为主。

⑦重点藏书与馆际分工藏书，务求专深、系统、全面和中外同蓄。

⑧印本文献与光盘版文献及在网上可免费下载的文献，以及通过网上查询经重组形成的专题文献数据库。其中全文光盘与印本文献之间尽量避免重复。

⑨在馆际分工、协调收藏、共享资源的前提下，将分工收藏的文献同样视为馆藏建设的内容，而且要注重深度和广度，不仅要特色鲜明，而且还要做到系统全面。

⑩建立健全的工具书体系，包括各种载体的检索工具和各种文别的字典、词典、年鉴、手册、全书、丛书，以及医院常用的各种药典、正常值与有关标准、专利文献等。

第二节 馆藏建设的组织与馆藏文献管理

一、馆藏建设的组织

①馆藏建设的规划与计划是按照本院和本馆的性质、任务、发展方向和具体条件，在一定时限内所要执行和实现的规定性管理目标制订的。其主要包括建设规模、收藏标准、比例关系、复本指数、经费分配、实施步骤及保证措施等。

规划是一个较长时限内的总计划，规划内容要正确处理数量与质量、定性要求与定量要求的关系，要从大局出发，要具有可行性、可操作性与可控性。如需调整时，应经民主讨论并报上级部门批准。

②馆藏建设计划是执行总体规划的阶段性具体安排，一般为年度计划。计划的制订要以总体规划为依据，并根据客观实际情况可进行一定的微调。计划一经制订必须认真执行，完成计划要如实总结和上报。计划的变更与调整要有客观依据，要事先经上级部门批准。计划是检验年度完成任务的主要标准，也是下阶段工作的基础。

二、馆藏文献的管理

（一）文献的收集与选择

文献的收集与选择是完成馆藏建设任务和保证馆藏质量的关键环节。文献收集必须按收藏标准严格把关，防止随意收订，同时不可轻信某些出版物的商业宣传，要仔细审查其质量。文献收集工作者是建设高质量馆藏的建筑师，其知识水平的高低、鉴别筛选能力的强弱，对完成图书馆任务、建设高质量馆藏，具有决定性影响。其一般要求做到以下几点。

①熟悉馆藏，熟悉读者，熟悉多种学科的发展水平，熟悉国内外出版业的情况。

②掌握出版信息，区别轻重缓急，审慎做出收集预决算。

③合理利用经费，防止先松后紧或先紧后松。

④建立预订卡，新订文献必须查重。

⑤特别注意重复出版情况，避免盲目订购。

⑥按征订目录预订，若难以直接审读，可根据作者和出版社的权威性做决定。

⑦全套的丛书、多卷书，一般出版周期较长，而且合订出版的整套书往往会有许多补充和修订，除必要的单行本外，通常以采订全套为好。

⑧中外文经典专著和核心期刊尽量收全，在需要减订时，应本着"保证重点"的原则进行选择。

（二）馆藏文献的管理

1. 到馆书刊资料的验收与登记

（1）图书验收与登记

①到馆图书的书名、著作者、出版者、出版地、出版期、装帧、单价等应与预订卡核对是否相符。

②对每一种书的册数、单价、总金额与发行单位所开具的正式发票进行核对，检验是否相符。

③数量验收后进一步进行质量验收，即检查有无倒装、缺页、污损等情况。验收无误后，填制验收清单并与发票一同签注经手人、证明人，然后进行总括登记和个别登记。

（2）期刊、报纸及电子出版物的验收与登记

①期刊的验收与登记：期刊到馆后，首先按字顺排列顺序，然后在期刊登记卡或在计算机上逐册登记。

②报纸的验收与登记：报纸的登记验收注意日期、版次及有无多出或缺少等情况，无误后按报纸登记表的相关要求进行登记。

③电子出版物的验收与登记：各种电子出版物到馆后，首先要检查有无明显擦伤或破损，然后上机运行，检查无误后按各馆的登记方式进行登记，然后装套并注明财产登记号及验收、登记责任人。

2. 藏书布局

藏书布局主要指藏书位置的确定，是将藏书区分为相对独立又相互联系的系统。藏书布局的原则应是方便管理、方便利用的，为使藏书最大限度地满足读者需要。

对于大型图书馆来说，藏书布局有多种方式。按文献类型可以划分为普通书库、报刊库、特藏库；按使用功能可划分为外借书库、阅览书库、参考书库、保存本书库；按语言文种可划分为中文书库、外文书库；按利用率可划分为一线书库、二线书库、三线书库。对医院图书馆来说，其馆舍不大，不存在复杂的布局设计问题，所以多数仅分为书库和阅览室。但即使这样，也有一个合理分布问题，如图书放在什么位置，期刊放在什么地方，工具书、特藏书、特种文献放在哪里合适，电子阅览室又将建在何处？这些问题，都要充分考虑既方便读者又方便管理与利用的现象。

医院图书馆藏书布局没有一定的固定模式。它应根据建筑物的结构、馆舍的大小、藏书的多少而定。合理的布局是科学体系的外在形式，也是形成科学体系的重要内容之一。

3. 藏书排架

藏书排架是将藏书按某种特征和某种排列方法有序地排列在书架上，使其各就各位，以方便读者提取和使用。不同的藏书有着不同的特征，其排架方法也各有不同。

（1）分类排架法

分类排架是以藏书内容所属的学科门类为依据，按分类号顺序排架。具体方法是先以分类号的顺序排，分类号完全相同再依书次号分，书次号也相同，再以辅助区分号排序。

藏书经过分类、给号后就构成了一个索书号，该索书号不仅是藏书检索的标志，也是藏书排架的编码。索书号由分类号、书次号和辅助区分号组成。

书次号是用来确定同类书先后次序的号码。我国采用书次号的方法有著者号、种次号、年代号等。

著者号是按著者姓名的字顺取号、排列。这种方法可以将同类书中的同一著者的各种书，同一种书的各种版本、复本、多卷书集中在一起。著者号可取著者姓名的四角号码，也可使用《通用汉语号码表》。

种次号是按照同类书中每种书的分编先后顺序编成的号码。它以每种书为单位，按藏书分编的先后顺序依次排出1、2、3……的顺序号码，作为同类书的区分号。

年代号是以图书的出版年、月为同类书的区分号的。一般取年份的后两位数字，再加月份。由于同一种藏书还存在分卷、分册、不同版本等问题，所以单纯一个书次号还不能将它完全区分，因此，必须再加辅助区分号进一步区分。辅助区分号主要是版本号和卷次号。

版本号用来区分同种藏书的不同版本，一般写在书次号后面，用阿拉伯数字表示，数字前加"-"，第一版不写，从第二版开始，如《实用内科学》第十版，它的分类索书号为 R5/8-10，其中 R5 为分类号，8 为种次号，10 为第十版的版次号。

卷次号用来区分多卷书的不同卷次，卷次号位于版次号之后，在数字前加"："，如《流行病学》第二版第三卷，它的分类索书号为 R18/5-2：3。

书次号、辅助区分号和分类号同样重要。分类号在索书号中占主导地位，而书次号、辅助区分号则处于从属的辅助地位。书次号、辅助区分号离开了分类号，就成为毫无意义的数字符号了。

分类排架的优点是能按类集中文献，使读者因类求书，方便查找。同时，也便于管理人员系统地了解和熟悉藏书，向读者宣传和推荐。其缺点是分类索书号号码长、排书归架速度慢，容易出错。再则，分类排架需预留空位，书架得不到充分利用，或经常倒架，会加重劳动强度，造成人力和时间的浪费。

（2）形式排架法

形式排架是以藏书的某种形式特征为依据进行排架的方法。其主要有以下几种方法。

①登记号排架法：按照出版物个别登记号的顺序排架。出版物的个别登记号有两种：一种是出版编辑部门编制的出版序号，如期刊、多卷书、技术标准、专利说明书等出版物本身的出版序号；另一种是图书馆为入藏的每一册藏书编制的财产登记号，这些登记号只反映藏书的先后出版顺序或入藏的先后顺序，不反映他们的内容归属。

②字顺排架法：依据一定的检字方法，按照出版物的书名、刊名或编著者名称顺序排架。中文书刊通常用四角号码法、笔画笔形法、汉语拼音查号法；外文书刊一般用英文字母顺序法、克特著者号码法。

③固定排架法：按照藏书的到馆顺序，编出每册出版物在书架上的书架号、层格号和书位号，由其组成固定排架号，再按固定排架号进行排架。如"0125，357"固定排架号，表示某出版物排列在 125 书架的第 3 层第 57 书位上。

形式排架法的优点是排检迅速，节省空间，不必倒架。其缺点是同类书不能集中；读者使用藏书必须通过目录；在拒借的情况下，管理人员难以推荐同类文献。

（3）医院图书馆常用文献排架法

医院图书馆的藏书先以文献的不同载体、不同文献类型、不同文种划分，如将印刷型文献和声像型文献进行划分；将图书和期刊进行划分；将中文文献和外文文献进行划分。然后再按照下列方式进行排列。

①图书排架法：中外文图书依照《中国图书馆图书分类法》的分类索书号的顺序排列。

②合订本期刊排架法：经过分类的合订本期刊，同图书排架法；未经分类的，中文按汉语拼音音序法，英语按字母顺序法，日语按五十音图或汉字法，俄语按斯拉夫文字母顺序法排列。

③现刊排架法：一是按内容集中排架。内容相同的，再按刊名字顺排。二是按出版地区排，将同一地区出版的期刊集中在一起。三是按期刊刊号排，即按 ISSN 号、CN 号或邮发代号排。

④科技报告、专利文献、技术标准等这类文献一般都有其自身的编号序列，可按其编号排架。

⑤声像资料排架法：这类资料一般都存放在专制的盒内，可按其类型编号，并按顺序号排架。

4. 藏书剔除工作

补充新书和剔除旧书，是图书馆藏书建设的两个方面。所谓剔除，就是将某些书从本馆藏书中注销，不再作为本馆的藏书予以保存。

藏书的剔除是科学技术飞速发展、知识不断更新的必然结果。医学文献的半衰期多在 3.5～5 年之间，多采用定时、分批剔除的方法。藏书剔除是保障馆藏文献质量和有效利用的重要工作。

藏书剔除是一项严肃而慎重的工作，并非某个人的随心所欲。因此，要制订藏书剔除的原则和范围，使剔除工作在一定原则指导下进行。

（1）藏书剔除的原则

①文献本身的实用价值：即判断文献本身所记载的知识内容是否已经陈旧过时、已被更新，对实际工作是否还有实用意义。对文献实用价值的判断要求图书馆人员对学科发展水平和趋势有切实的了解，切忌主观臆断。

②文献的利用率：根据流通工作的情况，确定一定的时间标准，在此期间内无人利用的藏书，可以考虑剔除。在运用这个标准时要将现实的利用价值同

潜在的利用价值结合起来进行考虑。有些文献虽然现在无人利用，但考虑本馆未来的发展和读者层次、对象的变化，在将来可能拥有读者的文献不应剔除。

③本馆性质和读者对象：本馆的性质决定着满足读者需求的范围和程度。只有从本馆的性质出发，才能决定剔除文献的范围。一般来说，医院图书馆剔除的文献往往是与馆藏重点关系不大、读者需求不旺的文献。

（2）藏书剔除的范围

①陈旧的书刊：随着科学的发展、技术的进步，一些书刊的内容已经陈旧，失去了时效。完全失去使用价值、参考价值的书刊，应予剔除。

②利用率不高的书刊：有些书刊针对性不强，放在书架上长期无人问津或利用率极低，应予剔除。

③复本过多的书刊：由于各种正常和非正常的原因，导致某些书刊复本过多，超过了实际使用需要而长期滞留书架。对这类书，除保留一定的复本外，多余复本应予剔除。

④内容重复的书刊：有些书先行出版了单篇著作、单行本，随后再出汇编本或合集，有些是不断有新版书替代的。对这类内容重复的老版书，如原著无版本保留价值，应予剔除。

⑤订错、订重的书刊：由于采集人员的工作失误，导致某些书刊的订错、订重，进而无使用价值，这类书刊，应予剔除。

⑥破损严重、残缺不全的书刊：长期的流通，导致一些书刊残缺破损而无法继续流通，这类书刊，应予剔除。

（3）藏书剔除的方法和滞书的处理

根据藏书剔除的标准，依次到书架上取出被剔除的书刊集中排放；取出剔除书刊的书根卡，按登记号顺序开列清单送有关领导审批；将批准剔除的书刊依书根卡顺序在书刊个别登记册上注销；将书根卡按分类索书号重新排列，并按索书号注销目录卡片的个别登记号。

藏书剔除的另一种方法是先剔除目录卡片，然后按卡片剔出藏书。对剔除的书刊，可分情况做如下处理：①调拨、转让给有关图书馆；②由古旧书店收购其中还有用的书刊；③低价出售给读者；④送废品收购站或造纸厂。

5. 藏书保护

做好图书馆藏书的保护工作，可以延长藏书的使用寿命，保证其完整而较长久地为读者所使用。同时，保护和管理好藏书也是图书馆藏书建设工作的延续，对于贯彻节约办馆的原则，节省物力和财力都有很大的实际意义。

藏书损坏、丢失的原因很多，但归纳起来，可分为人为损坏和自然损坏两种。人为损坏指图书馆员责任心不强，未严格执行藏书管理制度或读者思想觉悟不高，对图书任意撕页、涂划、挖图，使藏书受到损坏。自然损坏指各种物理、化学、生物因素对藏书的催化、侵蚀，使图书过早地出现老化、变质、开胶、脱落等现象，一旦遭到霉菌、虫害、水灾、火灾等，会造成更大的损失。藏书保护要以教育和预防为主，其措施有以下两点。

（1）加强教育健全制度

要经常对图书馆员和读者进行爱护藏书的宣传教育，增强馆员护书的责任感，帮助读者养成文明用书的习惯，要建立和健全保护藏书的各种规章制度，如安全保管制度，遗失、损坏赔偿制度等。

（2）加强藏书管理，防止自然损坏

防止自然损坏的工作包括防火、防潮、防高温、防虫、防鼠、防尘、防霉、及时修补装订等。防火指在建立防火安全制度的同时，书库内要防止一切可能引起火灾的祸源，严禁吸烟、烤火及存放各种易燃品，要定期检查电路和供电设备，安置灭火器、消防设备等。防潮和防高温指保持书库的恒温和恒湿，比较理想的办法是采用密闭空调。根据我国的气候情况，最适合书刊保管的温度是 14℃～18℃，相对湿度是 50%～60%。在没有空调设备的情况下，书库要防止湿气侵入、防止阳光直射。防虫和防鼠指要杜绝虫、鼠滋生繁殖的条件，保持室内清洁的环境，注意书库的通风除尘和防潮，堵塞老鼠进出的漏洞。一旦发现虫蛀、鼠咬的现象，要及时捕捉和根除，防止蔓延扩散。防尘和防菌指要搞好书库内外的清洁卫生，防止有害气体、尘土、烟尘的侵入和病菌的传染，有条件的馆最好添置吸尘器、空气净化器和紫外线消毒器。修补装订指对磨损、撕页、脱线的书刊要及时修补、裱糊，使他们恢复或接近原状。

从根本上说，藏书保护是为了更充分地利用。做好藏书的保护工作，关键在于图书馆管理人员对工作的高度责任心。即便条件差、困难多，也可以因陋就简，积极创造有利的条件，采取简便有效的措施，做好藏书保护工作。

6. 藏书评价

藏书评价也称馆藏评价，指对馆藏文献进行综合性的检查评估。通过评估，可以检查馆藏文献的利弊得失，增强完善程度，提高适应性、合理性，从而改进工作。馆藏评价是馆藏建设过程中的阶段性总结，是调整馆藏结构的依据，同时也是保证藏书质量的必要措施。

（1）评价标准

医学图书馆要建立起符合医学特色的藏书体系。这个体系要求藏书具有一贯性和连续性，馆藏水平要有适应实际需要的支持能力。这就需要有一个馆藏建设的发展方针，用以指导文献的选择与采购，保证馆藏计划同读者需要和服务目标相一致，并要在读者的参与下，对这个方针做定期检查。

数量与质量是对立的统一，一定的数量是保证质量的基础，但要在保证藏书供应的基础上，增加藏书品种、藏书类型和藏书载体。要确定藏书的适当复本，要根据读者人数和层次的变化不断调控和发展藏书结构体系。要经常剔旧更新，防止"书满为患"。衡量藏书质量的一个重要标准是藏书的利用率和拒借率，利用率越大越好，拒借率则越小越好。

（2）评价方法

①统计分析法：根据馆藏利用率、文献保障率、拒借率等统计数据进行评价。

②表格征询法：印发表格向读者和有关专家征询馆藏评价意见。

③物理状态评价法：按馆藏文献的保管状态，以霉变、虫蛀、鼠咬和丢失、破损情况等方面进行评价。

④流通信息法：根据流通过程中读者反映的意见、要求，以及经常处于流通状态的文献种数与馆藏总种数的对比分析进行评价。

第三节　图书馆文献信息资源建设

一、文献信息资源建设

（一）文献与文献信息资源

1. 文献

文献是人类文明发展的产物，是作为物化的一种精神财富而存在的，符号化的知识、信息与情报是其实质。人们现在所说的文献的含义是将所有知识与信息都记录下来的一切有形载体，详细地讲就是将知识、信息通过符号、文字和图像等形式记录在一定物质载体之中的结合体。

构成文献的基本要素包含以下几点。

①知识内容，也可以说是信息内容。其在文献中的作用是反映社会活动、自然活动中人类的信息，还有经过总结、积累的知识。不管是哪一种文献形式，

其都有自身的特定内容，并且文献的这些信息内容还决定了其今后的保存、使用与传播价值。文献构成的基本要素、本质灵魂即信息内容。

②符号系统，也可以称为信息编码和信息符号，是对知识信息与信息内容的标识进行揭示的表达手段。现代的文献生产技术是在不断发展的，并且文献生产的显著特征还体现在语言文字、视听符号、图画（形）等多种记录符号的综合运用方面。

③记录方式，也就是制作文献的方式，是对每个时代的科学技术、物质生产水平的反映。其中记录文献的方式基本上经过了刻、铸、手写、印刷、缩微、电脑制作等几个阶段。

④载体材料。我国从古代发展到现在，前前后后接连出现了甲骨、青铜、竹木、纸张、缩微平片、磁盘、录音带和录像带等载体材料。

在社会与科学发展中，文献的功能主要表现在以下几方面：①对人类文化遗产的保存。文献将人类与自然、社会斗争的信息内容都记录了下来，那么从一定程度上说，这些信息实际上就再现了人类的文明史，且通过文献形式将人类所有的物质文明、精神文明等都记录和保存下来了。其属于人类共同的财富，同时也是知识宝库中非常重要的组成部分。②信息知识的传递。文献中有着丰富的信息知识，这也是通过时间、空间来传递情报最好的手段。文献的信息知识在人们交流的过程中得到了快速的传递，自然也就成了人类认识世界、学习科学文化知识的重要手段。③丰富人们的精神世界。人类的物质生活水平与社会生产力仍然在不断提升，人类在精神方面的需求也随之越来越多，这时具有思想性与知识性的文献是非常受欢迎的。④是研究人员明确自身在科学中的位置与表现自我的手段，同时也是促使研究人员不断进行研究活动的重要激励因素。

2. 文献信息资源

文献信息资源都是在社会发展的过程中被积累起来的，且在今后的发展中具有实际的价值，同时这些文献信息也能够被人类充分利用。文献的信息资源可以以不同的标准进行划分。其中，按照载体形式可分为印刷文献、书写文献、音像文献和缩微文献等；按照加工情况可以分为一次文献、二次文献与三次文献等。

其主要分类方式也可根据记录方式与载体材料、文献信息的发布形式等进行分类。按记录方式与载体材料可分为五种，即印刷型、刻写型、声像型、缩微型与机读型；而按文献信息的发布形式可分为三种，即图书、连续出版物和特种文献。其中，特种文献指无法在图书与连续出版物中进行归纳的文献，即有着特殊出版发行与获取途径的科技文献。

此外，文献信息资源还有多种特征，主要有以下几点。

①开发的共同性和重复性。文献是对信息的一种记录，与一次性的资源消耗不同，其能够被多次地开发和使用，并且还能达到复制、传递等目的。只要产生了文献信息资源且对其进行了开发与利用，那么地域之间的界限就可以进一步被打破，文献信息资源将成为人类取之不尽的财富。

②物质与精神的统一性。虽然从本质上来说，文献的信息资源是人类智力资源的集合，但与此同时它也属于一个实体。为了将人类的信息、知识等变得更加物质化与固态化，人们会用一定的物质载体将信息资源等进行储存、交换。因此也可以说，文献信息资源是物质与精神的统一体。

③用户的选择性与层次性。开发利用者在文献信息资源中有着较强的选择性。其对开发利用者在阅读能力与知识水平方面有着比较高的要求，一般来说，他们的知识水平和层次越高，就代表文献信息资源被开发的自由度越大，由此获得的收益也就会越多。

④价值的个别性与针对性。就文献信息本身来说，其价值基本体现在两个方面：其一是文化价值，人类文化的全部遗产都可以在文献信息资源中体现出来，可以说是人类文明成果的总汇；其二是信息价值，通常指文献中的新信息与新知识，而其取舍的导向则为用户需求。

3. 文献信息资源体系

体系在汉语词典中的含义一般指某些意识或一些事物因相互有联系而由此构成的整体。另外，系统性、可利用性、集合性和可检索性是文献信息资源体系的基本特征，其层次结构可分为四级，分别是单位、地区、国家和国际。

①单位文献信息资源体系。这是由单位内部或独立文献信息机构建立的资源体系，是作为构成文献信息资源体系的基本单位。

②地区文献信息资源体系。这里所指的并不是全国，而是主要对某些特定区域的文献信息资源体系进行服务的，其中包括地区、省、县联合体的文献信息资源与各文献信息机构。

③国家文献信息资源体系。这是基于地区文献信息资源体系所建立的，经过了一个或多个协调中心，并联系了每个地区的文献信息资源体系，从而组成了全国性的文献信息资源网络体系。

④国际文献信息资源体系。文献信息资源体系发展的高级形式就是将国

家文献信息资源体系看作基础，现代化技术则为媒介，以及将国际文献信息资源共享作为目的。即使现在还有很多专门机构并没有研究、组织与设计这一体系，但是在某些发达国家、地区，已经出现了具有全球性的系统，如美国的 DIALOG 系统、OCLC 系统、ORBIT 系统等。

（二）文献信息资源建设

文献信息资源建设的含义，一般情况下，我们会依照一定范围内的图书馆、其他文献信息机构所选择的任务与对象，系统地选择、规划、收集与组织管理文献信息资源，从而建立起某些有特定功能存在的藏书体系。作为知识资源和智力资源，文献信息资源是需要人们不断建设和累积的，并不是自然就存在的，尤其是在当代的国家科技能力方面，信息资源已经成了其非常重要的组成部分，并且也受到了世界很多国家的关注。

文献信息资源建设从广义上讲可以分成两个层次。第一个就是文献在各级信息机构中的收集、管理、贮存与协调等工作，一般也被称为藏书建设；第二个就是某个国家、地区甚至是国际之间各文献信息机构，共同参与规划、协作和收藏现有的文献资源，从而形成整体的资源。也就是应在宏观上将目标与规划制订下来，再进一步协调分工，对各文献信息机构的文献进行指导，由此形成完备的收藏，建立起一定范围内的文献信息资源保障体制。

二、文献信息资源建设的原则

（一）文献信息资源建设的原则

1. 实用性原则

文献信息资源建设的根本原则是实用性原则，这一原则指要想建设文献信息资源，就一定要使其与实际使用的需要相符合。虽然现代的文献信息资源也对保存和收藏进行了强调，但是其最重要的是为了传播与使用，并不是为了收藏才去收藏的。收藏的最大价值体现在，与实际的需要相符合，并能被社会有效地利用，以及产生不错的经济效益与社会效益。另外，文献信息资源建设的根本宗旨是能够最大限度地满足读者的文献信息需求。

实用性原则的具体应用有两点：

第一，文献信息资源数量与质量的关系。图书馆内交流文献信息的基本条件就是要有一定数量的文献信息资源，同时这也是衡量一个图书馆服务能力好坏的重要标准。并且，文献信息资源的质量包含了三种，即构成质量、内容质量与使用质量。其中，构成质量指文献的深度、广度、新度和各个部分的关系比例等；内容质量指资源本身所具有的知识情报价值；而使用质量则指文献信息资源对读者需求的满足程度，以及在使用时产生的社会效果。

文献信息资源质量的优劣程度，除了体现在其本身具有的科学文化价值方面，还会在文献信息资源是不是具有较高、较强的使用效益方面有所体现。而且，其资源本身的内容无论有多么高质量，如果没有充分的针对性与实用性，那也会被看成是无效的。因此，检验文献信息资源建设的最终标准就是文献信息资源的实用性。

第二，文献信息资源的数字化建设。计算机、网络技术与通信设备等始终处于高速发展之中，所以必须要与现代的科技结合起来，以更快更好地满足人们的需求。那么现在最应当做的，就是将现有的资源进行转换，使之形成可以通过计算机处理的文献信息数据库，并切实地对网络建设进行加强，从而实现全国甚至全世界范围内的文献信息资源共享。

2.系统性原则

这一原则指文献信息资源的连贯性。其含义可分为两种：一种就是文献信息资源的重点系统完备；第二种就是文献信息收藏结构中资源间的联系、成比例与成体系。上述两个方面相互作用，从而确保了文献信息资源在横纵方面的连贯。影响这个原则的主要有三个客观因素，即文献信息资源本身的系统性，读者需求的系统性以及保存和传递的系统性。

①文献信息资源本身的系统性。该系统性包含了两种，即文献信息资源内容的系统性，以及文献出版发行的连贯性。文献信息资源只不过是作为知识情报内容的载体存在的，在一定的时间与空间中，各种类型的知识始终保持了一种不断延续和集成的纵向发展过程，以及持续进行连续和交流的横向扩散过程，因此其在知识内容方面有着内在系统性。此外，绝大部分的文献信息资源出版物都有连贯性与计划性的特点，特别是时效性较强的连续出版物。所以这就要求收集文献的过程是不能被随意打断的，不然将会导致文献信息资源的残破不堪。

②读者需求的系统性。一般情况下，读者群可归为两类，即专家读者与大众读者，因为他们的知识结构、年龄层次与文化结构等都有所不同，因此对于文献信息资源的需求也就不尽相同。但这也并不是不会发生改变的，一些大众读者在经过了循序渐进的阅读，进行了具有系统性的研究与学习之后，是很有可能在某些领域成为专家的。

③保存和传递的系统性。对文献信息资源进行保存与传递，对任何一个收藏机构来说都是其基本的职能，而这一职能还要求其要有科学的文献信息资源系统。文献信息资源的价值与系统性是成正比的，文献信息资源的可利用程度一般取决于系统性的强弱。此外，吸引读者的另外一个重要因素也离不开文献信息资源的系统性。

3. 特色化与协调原则

随着社会与科技的不断发展，特色化原则主要体现在各个图书馆按照不同的层次、类型、规模与读者的需求情况等，立足于自身的条件而进行的文献信息资源建设，从而提升图书馆的利用价值。我们所说的特色化，主要包含了文献信息资源的专题特色、学科特色与类型特色等。各个医学图书馆在建设医学文献信息资源时，都应当将本校设立的重点学科作为落脚点，明确重点，照顾一般。学校的师资力量越强，那么其需要的文献信息资源就会越广、越深，因此其在收藏时的经费也应当有所倾斜，这不仅可以保护图书馆的重点藏书，而且还能体现出其藏书的特色。图书馆在进行重点学科的文献信息资源建设时，应当及时地将重点学科需要的书刊选购进来，特别是核心的期刊，同时在选订外文书刊时也要增强原有比例。与此同时，还要邀请学科带头人参与到选订书刊的工作中，从而确保重点学科文献信息资源的选订质量。

从分工协调的原则方面来说，文献信息资源建设的分工协调指各个图书馆之间，需要进行统筹规划，从全局出发，形成相互依存、合作与资源共享的文献信息资源保障体系。而图书馆也应当按照其自身特色，基于分工收藏与协调引进等方面，真正实现资源的共享，从而确保重要书刊至少能够在一个图书馆内找到，尽可能满足读者需求。同时在协调分工的过程中，还要力求建立校园内的、地区性的乃至全国性的资源共享网络。

（二）系统研究馆藏文献建设的意义

馆藏文献是社会文献的一部分，馆藏文献建设是社会文献系统建设的主要内容之一。在纸质文献时代，文献的传递复制不方便，文献存量大，馆藏文献的建设主要靠手工。在计算机网络形成、计算机迅速普及的形势下，电子文献开始进入我国图书馆，馆藏文献建设在观念、原理、方法上都出现了新的特点。这些特点，不但越来越突显，而且对21世纪人们的社会生活都将产生深刻的影响。

馆藏文献建设是一项知识工程，也是一项社会工程。它涉及社会读物环境的改善和文献资源的保障，涉及开通的"高速公路"是否有足够多的"货车"可跑。

开展馆藏文献建设研究，不仅对优化目前的馆藏文献体系有指导意义，而且对迎接跨世纪网络环境下的生活挑战有重大价值。具体系统地研究馆藏文献建设的意义有以下几点。

1. 梳理专业经验，做好知识准备

馆藏文献建设涉及的大量专业知识和业务经验，是从事馆藏文献建设工作实践、开展馆藏文献建设理论研究的基础。缺乏这些基础，就难以胜任馆藏文献的建设工作，也难以理解有关的原理、方法、规律，为了便于相关人员掌握，建设者需要对这些专业知识和业务经验分门别类，进行总结归纳，这就要开展梳理性研究。

2. 完善专业理论，指导工作实践

馆藏文献建设作为一门学科，在前人的努力下，已经形成了一些配套的专业理论。这些理论在馆藏文献的建设工作中，发挥了很好的指导作用。但就我国目前情况看，这些专业理论还有一些不尽如人意之处。

其大致来讲有以下几点：一是完整性不够强，缺乏系统的魅力。二是理论大多是国外的，且缺乏中国特色，也存在与中国实际结合得不够紧密的情况。三是理论出现滞后现象，与飞速发展的事业和工作实践的要求有一定差距。

3. 解决新问题，推动学科发展

目前出现的一些急需馆藏文献建设回答的新问题，不仅表现在理论上，也表现在实践中，如网络文献与实体文献如何配置、自动化条件下馆藏文献如何组织管理、我国文献资源建设的可行方案和发展模式应该怎样、经费短缺条件下有效的馆藏文献建设对策有哪些、介质文献与网络文献在目前和今后图书馆中的地位如何、全文数字化图书馆的前景和可行性怎样、馆藏文献整体建设的社会意义如何等。这些新问题的梳理、归纳和解决，对推动本学科发展有很大意义。

第三章 医学图书馆文献信息的组织

在人类社会已经进入信息时代的今天，信息资源在日常生活中和经济社会发展中扮演的角色越来越重要。医学图书馆文献信息的组织，是获取医学科学信息的重要手段，是医学科技信息交流的桥梁和打开医学宝库的钥匙，在医学科学研究中有着重要的地位和作用。本章主要对医学图书馆文献信息的组织做详尽的阐述。主要包括医学图书馆文献信息资源组织的概念与作用、医学图书馆文献信息资源组织的原则与方法、医学文献信息资源分类标引及其工具、医学文献信息资源主题标引及其工具、分类标引与主题标引的比较、医学文献信息资源的描述原则与编目工作方式等内容。

第一节 医学图书馆文献信息资源组织的概念与作用

一、医学图书馆文献信息资源组织的概念

（一）文献信息资源组织的概念

文献信息资源组织的概念可以从以下四个方面来理解。

1. 信息组织的对象

信息组织的对象是图书馆和各信息服务机构所收集和使用的各类信息资源，信息组织就是以各种信息媒体形式为对象所进行的组织，其目的是将各类信息资源中有价值的、能够为人们参考利用的那些部分分析、提取出来。

2. 信息组织的根据

信息组织的根据是信息资源所具有的形式特征和内容特征。用户能够根据已知有关信息外在特征的线索，快速而准确地找到这些信息。而信息的内容特征反映了信息的主要内容，便于用户决定信息的取舍和选择能够满足自己需要

的信息。信息的形式特征和内容特征的共同作用，使用户在内容庞杂、浩如烟海的信息海洋中能准确、迅速、方便、有效地获取自己所需要的、对自己帮助最大的信息。

3. 信息组织的规范

信息组织必须遵守一定的规则和规范。在长期的信息组织研究和实践中，人们总结和制订了一系列的规则和方法，包括为描述和记录信息资源特征所遵循的描述规范和资源主题内容标识依据的检索语言及相应的处理规则等。描述规范有不同国家制订的不同文献类型的编目规则，如图书、期刊的编目规则，古籍、音像资料、电子资源等的编目规则。检索语言主要有分类法和主题法两种。

4. 信息组织的目的

信息组织的目的是建立信息资源收藏系统和检索工具。对于信息机构来说，数量众多、种类各不相同的信息亟需有效的整理，而用户则希望能从种类繁多与数量繁多的信息资源中快速有效地找到需要的信息。组织有序的信息资源是机构开展信息服务工作的前提和保证；而编制的检索工具则能实现信息的快速获取，从而实现信息的有效流通。信息组织是以信息资源的一定单元为处理对象，对其特征加以记录，进行信息检索时，通常先分析检索课题，明确所涉及的检索范围，形成若干能代表需求的检索提问，并按照该检索系统的特点将检索提问转换成相应的检索词，选择恰当的检索途径并输入系统，由系统进行匹配和查找，最终检索出需要的信息。

（二）医学图书馆文献信息资源组织的概念

医学图书馆文献信息资源组织就是根据医学信息检索的需要，以文本及各种类型的医学及其相关的信息资源为对象，利用一定的规则和规范，通过对信息的形式特征和内容特征进行描述、分析、选择和标引，使无序的信息成为有序化信息的集合，从而保证医学图书馆信息用户对信息的有效获取和使用。医学图书馆文献信息资源组织除具备一般信息资源组织的特征外，还具有自己显著的医学特色。

1. 资源侧重医学及其相关学科

医学图书馆所服务的对象主要是医学及生命科学等学科的研究和工作人员。他们的工作范围决定了他们主要需要基础医学、临床医学、预防医学与卫生学、生物医学以及药学等方面的信息。为满足不同层次、不同方面的信息需求，医学图书馆所提供的资源也就是医学及其相关的资源。当然，随着研究的拓展和深入，以及学科的交叉和融合，医学研究人员还需要生物科学、环境科学等相关学科的信息，甚至还有心理学、数理统计学、计算机科学等资源。

2. 资源的组织有自身的特点

在对医学文献信息资源进行处理的实践中，医学信息工作人员还会根据医学的特点，因地制宜地创造颇具个性的方法。美国国立医学图书馆编制了有很大影响的《医学主题词表》（*Medical Subject Headings*），该词表建立的大型数据库 Medline 及其网络版 Pub Med，使其成为全世界医学研究人员查阅资料的首选。《医学主题词表》的中文版由中国医学科学院医学信息研究所编译和维护，依照中文版《医学主题词表》建立的中国生物医学文献数据库（CBM）是众多医学图书馆必备的数据库资源。

二、医学图书馆文献信息资源组织的作用

医学图书馆文献信息资源组织是医学图书馆各项业务工作的基础，是有效开展医学信息服务的前提条件；医学图书馆文献信息资源组织将大量杂乱无序的医学及相关的文献信息按照形式特征和内容特征，依据一定的规则并结合医学的特点，编制成规范有序的存储系统，供用户使用；医学图书馆文献信息资源组织是进行医学信息检索的基础和前提；医学图书馆文献信息资源组织能使医学研究人员快速有效地获取所需要的信息。

第二节　医学图书馆文献信息资源组织的原则与方法

一、医学图书馆文献信息资源组织的原则

（一）文献保证原则

文献保证原则包括两层含义。一方面，处理的资源应体现出针对性，检索系统中的资源要能够满足本单位用户群的信息需求；另一方面，资源的处理要力求准确、客观、规范，尽量如实描述文献的特点，准确揭示文献的内容。医学图书馆信息资源的组织，首先应明确要组织和处理的是医学及相关学科的资源，否则后面的描述无论多么正确也是没有意义的。其次对信息资源的描述务必准确客观，并且对信息资源的揭示要尽量体现医学特色。

（二）适度适当建设原则

医学图书馆主要包括各等级的医学院校图书馆和医院图书馆以及医学科研图书馆，因为院校或医院及医学科研单位的规模各不相同，所以其图书馆的财力、人力、物力也不尽相同。对信息资源的组织工作，各馆应根据实际情况量力而行。大型医学院校的图书馆，因为院系比较多，通常还要承担对附属医院的信息服务工作，因此信息资源的组织工作要尽量全面、细致。而小医院的图书馆，由于本身规模较小，所以财力、人力有限，可适当粗略些。但是，不管什么类型的医学图书馆，在信息资源的组织中都必须考虑发展的需要，做到适度冗余，给今后的继续发展留足空间。

二、医学图书馆文献信息资源组织的方法

信息资源组织有两种基本的方式：一是针对信息的内容特征进行组织，这种方式主要采用两类基本的方法，即分类法和主题法；二是依据信息的形式特征进行组织，具体是依据信息的题名、责任者、载体形式等特征实现信息的有序化，主要表现为对文献信息形式特征的著录和著录款目（书目记录）的组织，这种方式被称为信息描述，简称"编目"。

（一）揭示信息内容特征的分类法

1. 信息资源分类与分类法

分类指依据事物的本质属性或其他显著特征进行区分和类聚，并将区分的结果按照一定的次序组织起来的活动。信息资源分类的结果是把相同的信息集合到一起，把不同的信息区别开来。因此，以分类的方式组织信息资源，最重要的作用是组织文献排架。通过分类，内容相同的文献集中在一起，内容相近的文献联系在一起，内容不同的文献区别开来。这不仅有利于读者按照学科系统利用文献，而且有利于工作人员方便地按类统计文献情况，了解与分析读者的信息需求，促进文献资源更有针对性地建设和发展。信息资源分类的另一个重要作用是形成分类检索工具，方便读者从学科知识系出发，按类检索文献。

2. 分类法的类型

（1）等级列举式分类法

这是一种以学科分类为基础，依据概念的划分与概括的原理，把概括文献内容与事物的各种类目，组织为一个层层隶属、详细列举的等级结构体系的一种分类法，也称列举式分类法、枚举式分类法。这种分类法通常是依据传统的

知识分类体系编制的，也称体系分类法。其优点是分类结构比较直观。但是，其缺点也非常明显，难以揭示细小而专深的主题和交叉主题，对涌现的新学科、新主题显得爱莫能助。

（2）分面组配式分类法

依据概念的分析与综合原理，将概括文献内容与事物主题的概念组成"分面—亚面—类目"的结构体系，通过各分面类目之间的组配来表达文献主题的一种文献分类方法。分面组配式分类法克服了等级列举式分类法标引专指度不高、科学发展适应性不强、体积大、不容易进行维护的缺点，但是其不足也是显而易见的，分面类表的类目体系不够直观，对操作人员要求很高，操作性不强，而且其号码冗长不适于组织排架。

（3）列举—组配式分类法

这是一种集列举式和分面组配式的特点于一身的分类法，其在详细列类的基础上，广泛采用了各种组配方式，亦称为体系—组配式分类法、半分面分类法。《国际十进分类法》就是列举—组配式分类法的代表。

（二）反映信息形式特征的信息资源描述法

信息资源描述，指根据信息组织和检索的需要，对信息资源的主题内容、形式特征、物质形态等进行分析、选择、记录的活动。信息资源描述的结果，是描述记录亦元数据，可以作为信息资源实物的代表用来组织检索系统。

1. 信息资源描述的规范与标准

信息资源描述通常需要根据系统的要求，确定描述的成分和特征，并按一定的次序和形式进行著录。为了一致、有效、准确地描述信息资源，同时也便于不同国家、地区之间的信息机构进行信息交流与共享，信息描述需要依据一定的规范和标准。在长期的工作实践中，不同国家、不同领域的信息工作者根据信息资源的特点和检索的需要，进行了许多研究、探索和实践，制订了一系列的信息资源描述规范和标准。文献著录标准是随着计算机技术在文献管理领域的应用而逐步发展起来的，形成于20世纪70年代。目前，影响最大、使用最广泛的主要是《国际标准书目著录》（ISBD）和《英美编目条例（第2版）》（AACR2）。

2. 文献著录的计算机编目格式

文献著录的计算机编目格式MARC，通常也称为机读目录，是计算机编目的产品，指以代码形式和特定结构记录在计算机存储载体上，并用计算机识别和处理的目录。1965年美国国会图书馆开始研制机读目录，1966年推出了"MARC Ⅰ"，经过改进后1969年推出了"MARC Ⅱ"。1971年美国国家标准学会批准"MARC Ⅱ"为美国国家标准。1973年ISO将"MARC Ⅱ"定为国际标准，即ISO2709《文献目录信息交换用磁带格式》，1996年第3版的名称更改为《信息交换格式》。

（1）西文编目采用的MARC21

MARC21是美国机读目录编目格式和加拿大机读目录编目格式通力合作的产物。其目的是编制一套处理英语世界信息资源的机读目录格式，并推广至全球。MARC21还出版了五种不同的机读目录格式：书目记录格式、权威记录格式、馆藏数据格式、分类记录格式、团体信息格式。2001年8月，英国图书馆宣布采用MARC21。我国大多数图书馆的西文文献编目也采用MARC21。

（2）中文编目采用的CNMARC

CNMARC，即中国机读目录格式。1995年，经过一系列的研究和修订，北京图书馆出版了《中国机读目录格式使用手册》，在我国规范数据格式尚未颁布之前，国内各馆也用该格式提供的机读规范数据。在此基础上，经过一系列的修订，国家出版了《中国机读目录格式使用手册（修订版）》。

（3）网络医学信息资源描述

对网络信息资源的描述，一方面是遵循传统文献的描述规则，编目时在MARC格式中增设相应的字段；另一方面是开发新的元数据规范方案，所谓元数据，又称描述数据，是关于数据的数据，是对数据内容的描述。DC元数据是一项描述信息资源的国际标准，最早于1994年提出，以首次专题研讨会的地点都柏林命名。DC元数据包含15个著录元素，即信息资源的题名、主题、描述、来源、语言，信息资源之间的关系，信息资源的覆盖范围、创建者、出版者，其他信息资源的贡献者，信息资源的版权、日期、类型、格式、识别符等。医学图书情报界在DC的基础上研制出了适用于医学信息资源描述的元数据。美国于1998年提出了医学核心元数据方案，目的是提供一个标准的医学网络资源的元数据方案，为医学研究者提供更有效的检索方法。法国研究的CISMeF元数据开始得更早，目前已应用于法国因特网医学资源联机目录和索引的编制。日本在研究了上述元数据的基础上提出了循证医学信息资源元数据方案，试图通过这种资源组织方法为循证医学研究提供所需的原始研究与二次研究资源。

第三节 医学文献信息资源分类标引及其工具

一、医学文献信息资源分类标引的原则

第一，客观描述原则。其要求标引人员客观分析、忠实反映文献的内容特征和形式特征，抛弃个人偏好，将文献中有用的信息提炼出来，包括各种新论点、新技术、新方法和新成果等。第二，准确充分原则。其要求标引人员对文献内容把握准确，不漏标，归类时能够归入对应的学科和专业，并归入最专指、最确切的类目。第三，规范一致原则。其要求标引人员对同一主题内容的文献标引要结果一致。不仅同一标引人员对同一类型主题资源标引一致，而且不同标引人员对同一类型主题资源的标引也要规范一致。第四，针对适用原则。标引还要考虑系统的特点和用户的使用需要，对文献信息资源的标引应重点标引与医学有关的主题内容。

二、医学文献信息资源分类标引的工作程序

（一）查重

查重，也称查复本，指利用公务书名目录，查清某种文献是未分编还是已分编。如果是已分编的文献，则要判别是不同版本的、多卷集的，还是复本。前两种要在原有的索书号上加区分号，复本则要对原有的索书号进行照抄。若不是复本，则另行分类标引。所谓复本，就是指文献题名、作者、内容、译者、版次等完全相同的文献。对于一种文献的重印版、再版，只要内容不变也可称复本。只有在内容上做了修改的文献才算新版本。查重的目的是杜绝同书异号，使同一种文献保持前后标识一致。同时，还可以减少工作量，避免人力、财力的浪费。

（二）主题分析

经过查重，确认是新文献后，就要对其内容进行分析，以判明学科属性特征。对于这一步骤，有人称为"辨类"。医学文献信息属于科学著作，在"辨类"时要注意以下几点：弄清所论述的是什么主题；从哪一学科来论述的；是理论性的著作、记载实践的文献，还是历史的文献；还必须判明该文献的政治观点。

（三）归类

归类就是根据"辨类"的结果，结合分类规则，在分类表中找到适合文献应属的类目。归类的方式有以下三种。

一是主要归类，即根据文献的本质属性确定最适合某一文献内容的归类方式，这种方式所确定的类是该文献的主要类目，也是决定该文献在分类排架时所处的位置。

二是附加归类，有些文献的内容很复杂，常涉及几个知识门类或一个门类中的几个问题，因此除了需要将该文献归入一个主要类目外，还要将其他内容归入另外的类目，这样的归类就叫附加归类。

三是分析归类，某文献已归入某个类目，但文献中某一篇章或某一部分材料对于另一门学科也有重要的参考价值，那就需要将这一部分内容抽离出来，单独归入另外的有关门类中，这种分类法被称为分析归类。

主要归类得出的号码是主要分类号，除用于组织目录外，还用于分类排架；而附加归类和分析归类得出的附加分类号和分析分类号则只用于组织分类目录，故统称为目录分类号。当某一文献分入几个类中时，它们的分类号码用"+"相连，被称为完全分类号。

对文献进行归类时，应根据其内容的学科属性，视不同情况采用不同方法。

①通过分类表的体系结构来查找有关类目：体系分类法的类目是根据层层划分、层层隶属的原则，由基本部类扩展为基本大类表，再由基本大类表扩展为简表，进而扩展为详表。因此，在对文献进行归类时，可以先根据文献的主题，确定其在哪一个基本大类上，然后找简表中适合本主题的类目，最后到详表中去找更适合的类目。

②分清总论与专论性类目的关系：若要在类目表的每一基本大类下再进一步扩展时，一般会先列总论性类目，然后再列专论性类目，以体现整体与局部的关系和区别。分类人员应仔细地研究和弄清总论性类目与专论性类目的区别与联系，如此才能在分类标引时不至于出现不该出现的错误。

③详析类名的确切含义：分类法的类目名称一方面要求能确切反映所包含的内容和范围，另一方面又要求科学、简洁。我们在辨别类目时，一定要审视上、下位类的关系；要进行横向比较，分析其同位类之间的差异；与邻近的类目进行比较；还要重视类目注释的内容，弄清每个类目包含什么、不包含什么，如此才能达到正确标引的目的。

（四）编制索书号

通常馆藏文献是分类组织排架，此时还需给予其同类书的区分号。根据各图书馆的实际情况，区分号可给予相应的种次号（按同类书到馆的先后顺序依次取号）或著者号（按文献责任者名称的字顺编制）。

（五）审核

确定文献的分类号与区分号之后，还必须做好检查。包括检查主题分析是否准确、充分，归类、给号是否正确，索书号是否重复等。准确无误后，文献的分类标引才算结束。审核是保证文献分类标引质量、减少标引误差的重要步骤，通常由经验丰富、标引水平高的人担任。

三、医学文献信息资源分类标引的工具

（一）《中图法》

国内外有许多著名的等级体系分类法，我国的《中国图书馆分类法》（以下简称"《中图法》"）是其中之一。《中图法》已在全国各种类型的图书馆中被应用。《中图法》版本的选用，关系到一个图书馆分类工作的稳定性，所以各图书馆应根据各自的实际情况和需要慎重确定。作为医学专业图书馆，选择《中图法》的版本应考虑的因素有文献收藏的规模与发展前景、标引文献的类型是单一的还是多种的、是用于组织文献排架还是单一分类检索等。一般藏书规模在 20 万册以下的图书馆可选用《简本》；藏书 20 万册以上的图书馆使用《中图法》类号中"+"以前的类号类分图书，使用完全类号类分资料；专业性图书馆可使用《中图法》所需大类的细分类号或选择使用相应的专业分类表。同一馆还可以同时选用《中图法》不同版本，类分不同类型的文献。

（二）《中图法》的分类标引使用法

1. 基本部类

基本部类也称基本序列，是分类法中为便于各种类目的展开而对人类的知识与客观事物所做的最基本、最概括的划分和排列。《中图法》的基本部类：第一，马列主义、毛泽东思想；第二，哲学；第三，社会科学；第四，自然科学；第五，综合性图书。

2. 基本大类

基本大类也称分类大纲，是从基本部类中扩展而来的，是知识分类体系的框架。基本大类是分类法的一级类目，分类法的其他各级类目，都是从它们中细分出来的。《中图法》的基本大类共 22 个。

A 马克思主义、列宁主义、毛泽东思想、邓小平理论

B 哲学、宗教

C 社会科学总论

D 政治、法律

E 军事

F 经济

G 文化、科学、教育、体育

H 语言、文字

I 文学

J 艺术

K 历史、地理

N 自然科学总论

O 数理科学和化学

P 天文学、地球科学

Q 生物科学

R 医药、卫生

S 农业科学

T 工业技术

U 交通运输

V 航空、航天

X 环境科学、安全科学

Z 综合性图书

3. 简表

简表也称基本类表，是由基本大类扩展而来的，是图书分类法的骨架，起着承上启下的作用，通过它可以了解分类法的概貌。简表从原则上讲不能作为分类依据，它只起引导作用。简表比较宽泛，若只浏览简表，则不易把握图书的众多细目，只有通过详表才能把握其广泛内涵，从而保证分类的准确性。

4. 详表

详表又称主表，是分类法的主体。详表由各级类目组成，从一级类目直至最后一级类目，从分类法的第一个类目开始，直至分类法的最后一个类目，都是主表的组成部分，各级类目都可以配号。详表是图书分类的依据，分类法的所有编制原则都体现在详表之中。详表由类名系统、标记系统、注释系统三个方面组成。

5. 复分表

复分表也称辅助表或附表。在编制分类法时，可将众多主表类目所具有的共性子目抽出来，单列成表，供主表类目细分时使用。复分表的作用在于，其既可以满足主表细分的要求，又能缩短分类篇幅。

6. 类目排列特点

文献分类法是由成千上万个类目组织起来的，各个类目之间的排列不是任意的，而是有系统的。

第一，文献分类法是从科学分类和知识分类的角度揭示文献的，其根据学科和专业把性质相同的文献集中在一起，把性质不同的文献区别开来。因此其在编制过程中以学科性质为列类的主要依据，并且按类目学科系统排列先后顺序。在排列类目时，应贯彻从总到分、从一般到具体、从简单到复杂、从理论到实践的原则，把众多类目按学科自身的逻辑系统和顺序，组成一个严密的分类体系，从而反映出类目之间的系统关系、族性关系，而不是按类名的字顺进行排列。

第二，在以科学体系排列类目先后顺序的基础上，为了适应文献的不同形式和类目自身的特点，有时也通过图书的其他属性和标准确立与排列类目的先后顺序，从而使分类法更能适应文献分类的需要。

第三，任何一个类目都不是孤立的，彼此之间都存在着密切的关系，互相交叉、互相渗透、互相影响。分类法用等级隶属、同级并列、相关参照、交替选择等办法反映类目之间的联系，从而使各级类目成为一个有机的整体。

第四，类目表采取直线形式排列类目，符合科学分类的原则，能够满足图书馆组织藏书和揭示藏书的需要。

7.《中图法》R 大类的编列特点

类分医学文献信息资源主要依据的是 R 大类，即医药、卫生类，基本类目编列如下：

R1 预防医学、卫生学

R2 中国医学

R3 基础医学

R4 临床医学

R5 内科学

R6 外科学

R71 妇产科学

R72 儿科学

R73 肿瘤学

R74 神经病学与精神病学

R75 皮肤病学与性病学

R76 耳鼻咽喉科学

R77 眼科学

R78 口腔科学

R79 外国民族医学

R8 特种医学

R9 药学

在医药、卫生的大类下，第一个大类是具有相对概括性、一般性的预防医学和卫生学，下面继续划分为卫生基础科学、流行病学与防疫等几个类目。医学部分根据学科的理论体系将医学划分为中医药学和现代医学。现代医学以社会、心理、生物医学模式作为医学类目设置、类目划分、类目排序的依据，按照从理论到应用的原则，可划分为基础医学和临床医学。临床医学依照不同的分类标准可划分出若干个分支。中医药学单独列类，其类目体系已与现代医学类目体系接轨。因为在疾病治疗中的重要作用和本身的特殊性，药学作为一个专门的类别放在最后。可见，R大类的划分是依照由总到分、从一般到具体、从理论到应用的原则。

四、医学文献信息资源分类标引的方法

（一）单主题文献信息资源的分类标引

单主题指文献只论述或研究一个对象，即只有一个主题内容。分类时，一般根据文献对事物研究的学科角度，按照论述的内容范围进行标引。

①只论述一个基本主题的文献，一般依主题所属的学科性质归类。如《病理学》，标引为 R36；《外科学》，标引为 R6。

②从某一学科或方面论述一个主题的文献时，按照研究角度所属的学科归类。如《心血管病学》，本书是总论心脏和血管疾病的著作，标引为 R54；《心血管病 CT 诊断学》，心血管疾病影像诊断归入放射医学，标引为 R816.2；《实用专科护士丛书·心血管内科分册》，心血管护理归入护理学，标引为 R473.5；《手术学全集·心血管外科手术学》，心血管外科归入外科学，标引为 R654.2；《儿童常见心血管疾病》，儿童心血管疾病归入儿科学，标引为 R725.4；《动脉瘤》，动脉肿瘤归入肿瘤学，标引为 R732.2；《心脑血管药物手册》，心血管用药归入药学，标引为 R972。

③从两个或更多的方面研究一个主题的文献，如果几个方面属于同一个学科，则将其归入其共同上位类；如果不属于同一个学科，那么两个方面的依据重点方面的学科归类，三个及以上的不同学科方面的，则依据主题的学科属性进行分类。如《恶性肿瘤误诊误治与防范》标引为 R73；《灵芝的栽培与药用》，重点是讲述灵芝的药用价值，可标引为 R282.71。

（二）多主题文献信息资源的分类标引

多主题指文献同时研究或论述两个或两个以上的主题内容。主题之间的关系可分为并列关系、从属关系、应用关系、影响关系、因果关系和比较关系。

1. 并列关系主题文献的分类

并列关系的主题指文献同时论述或研究的主题彼此独立。有两个并列主题的文献，如果同属一个类别，则可归入其共同的上位类；否则，按照文献重点论述的主题归类。若重点不明时，按照在前的主题归类。如《营养与食品卫生学》归入营养学，食品卫生的共同上位类，因此标引为 R15；《肺栓塞与深静脉血栓形成》，肺栓塞与深静脉血栓这两种疾病同属于静脉血栓栓塞症，可标引为 R563.5；《卫生检疫与中国产业安全》，依据重点可标引为 R185。有三个及以上并列主题的文献，一般根据其涉及的范围，将其归入共同的上位类或概括性类目中。

2. 应用关系主题文献的分类

应用关系的主题指一个主题应用到另一个主题或几个主题中，或者几个主题同时应用于一个主题中。论述某一种或几种理论、方法、技术在某一个主题或学科方面的应用的文献，应按照应用到的主题所属学科的属性进行归类。如《SPSS 软件在医学科研中的应用》，标引为 R195.1。论述一种理论、方法、技术等在多个主题方面应用的文献，则按照理论、方法、技术本身的学科属性进行归类。

3. 影响关系主题文献的分类

影响关系主题指在文献论述和研究的几个主题中，一个主题对另一个或多个主题产生影响，或者多个主题对另一主题产生影响。论述一个主题或多个主题对另一个主题产生影响的，按受影响的主题归类。论述一个主题对多个主题产生影响的，则按发生影响的主题归类。如《电磁辐射对人体的影响》，标引为 R594.8；《针灸对内分泌、血液、免疫疾病影响的研究》，标引为 R246。

4. 因果关系主题文献的分类

因果关系主题指文献论述或研究的几个主题中，一个主题是另一个或多个主题的原因或结果，其一般按照结果方面主题的学科属性归类；如果一个原因产生多个结果，则按照原因方面主题的学科属性归类。如《口腔厌氧菌与牙周病》，口腔厌氧菌导致牙周病，因此按照结果主题归类，标引为R781.4。

（三）医学丛书、多卷书的分类标引

1. 丛书的分类标引

丛书是汇集多种独立的著作，并且具有一个总书名的一套图书。全套丛书通常围绕一个中心问题，或者针对特定的读者对象、用途，在外形上往往采用统一的装帧形式。丛书的分类标引有集中分类标引和分散分类标引两种方式。所谓集中分类标引，是按照整套丛书内容的学科属性集中归类。

一般来说，学科专业面窄、读者对象明确，或者内容联系密切的丛书采用集中分类标引。所谓分散分类标引，是按照丛书各分册内容分别归类，适用于学科性和专业性强、学术价值高的丛书，即内容广泛、分册之间联系不紧密的丛书。医学图书馆可根据自身规模和需要，灵活选择。如果图书馆规模较小，图书量少，那么可以采取集中分类标引。如果图书量大，而且读者需求比较细，则可采用分散分类标引，即每一个分册根据其内容进行分类。如《〈难经〉导读》（中医经典古籍导读），分散分类标引为R221.9；《21世纪家庭保健丛书》，该丛书共有20几个分册，涉及20余种疾病的防治情况，可采取集中分类，将家庭保健归入个人卫生的类下，标引为R161。

2. 多卷书的分类标引

多卷书是将同一著作按若干卷册一次或者逐次出版的一种文献。通常有总书名，各卷、册自成一个单位，有的卷册还有单独的书名，全书内容连贯，构成了一个整体。在实际工作中，多卷书通常依据全书整体内容的学科属性进行集中分类。如果分卷内容相对独立，并有分卷题名的，还可对分卷采取分析分类。如《医院管理学》，有护理管理、人力资源管理、信息管理等十几个分册，应集中分类，标引为R197.32。

（四）医学参考工具书的分类标引

医学参考工具书主要指字典、词典（辞典）、百科全书、类书、年鉴、手册、图谱等。标引时按其主题学科属性进行归类，然后再按形式复分。字典、词典和百科全书，加"-61"，年鉴加"-54"，各类手册加"-62"，图表图谱类加"-64"。如《汉英医学词典》，标引为 R-61；《中国药学年鉴》，标引为 R9-54；《临床新药手册》，标引为 R97-62；《腹腔镜外科手术彩色图谱》，标引为 R656-64。

五、《中图法》R 大类的分类要点

（一）总论和综合文献的分类

医学哲学、医学伦理学、医学社会学、医学人才学、医学行为学等方面的文献入 R05，专论入有关各类，如护理伦理学入 R47。

（二）预防医学、卫生学文献的分类

①总论环境医学，以及总论气候卫生、大气卫生、水与给水卫生、土壤卫生、居住卫生、交通卫生、灾害医学的文献入 R12 有关类目；专论环境污染对人体的危害及其防治的文献入 X5 有关类目。如《环境卫生学》，标引为 R12；《饮用水水质监测与分析》，标引为 R123.1；《环境中有害因素与人体健康》，标引为 X503.1。

②总论劳动卫生和职业性疾病预防及兼论职业性疾病治疗和康复的文献入 R13 有关类目；总论劳动安全、劳动安全卫生和劳动保护的文献入 X9 安全科学；专论职业性疾病治疗的文献，归入临床医学有关各类。如《当代中国的劳动保护》，标引为 X922.1。

③关于放射性物质（电离辐射）的一般卫生及防护，如保健物理学、放射卫生学、放射线与公共卫生方面的文献入 R14，专论原子能生产技术中的放射防护入 TL7。如《放射卫生学》，标引为 R14。有关营养学和食品卫生的文献入 R15 有关各类，但病人营养入 R459.3。如《儿童营养》，标引为 R153.2；《危重症患者的营养支持》，标引为 R459.3。

④R161/168 收录了有关一般保健、中青年及老年卫生、生活制度与卫生等方面的文献。

⑤有关人体生命控制技术的文献应依据其内容归入有关各类。如计划生育与卫生的文献入 R169 有关各类，人工授精与试管婴儿入 R321-33。如《避孕与节育》，标引为 R1694；《人类辅助生殖实验技术》，标引为 R32l-33。

⑥有关妇幼保健事业、妇幼保健与卫生，托儿所及幼儿园卫生的文献入 R17 有关各类。儿童少年的生长发育及标准、智力发育及标准等入 R179。如《妇女保健学》，标引为 R173；《现代儿童保健》，标引为 R179。

⑦总论流行病学、传染病预防、卫生防疫和检疫的文献入 R18 有关类目，

专论某传染病预防的文献入 R51 有关各类。如《实用流行病学》，标引为 R18；《新发传染病的预防与控制》，标引为 R183；《预防狂犬病知识问答》，标引为 R512.99。

（三）中医学文献的分类

①采用现代科学理论与技术研究中医的总论性文献入 R2-03。总论中西医结合理论的文献入 R2-031，专论入中医各科。中医预防学、养生、气功，以及中医基础理论分别入 R21 和 R22 有关各类。以中医治疗各种疾病的专门文献入 R24/278，有关中西医结合治疗各种疾病的文献入 R4/78。如《中医现代化发展研究报告》，标引为 R2-03；《中西医结合方法学》，标引为 R2-031。

②有关现代医学疾病的中医理论和治疗的文献分别入中医各科类的"现代医学××科疾病"，再仿照相应的现代医学类分。如《中医治疗强直性脊柱炎》，标引为 R259.932.3。

③综合性本草入 R281 各类，本草各论入 R282.7；中药品入 R286/287，并可仿 R97、R98 细分。如《本草纲目类编》，标引为 R281.3；《延缓衰老和抗疲劳中药现代研究与应用》，标引为 R286.79。

（四）现代医学文献的分类

① R3 基础医学集中人体形态学、人体生理学病理学、医学免疫学、医学遗传学等一般理论的文献，论述各种疾病的病理、免疫方面的文献入 R4/8 各类。如《医学免疫学》，标引为 R392；《内分泌病理学》，标引为 R580.2。

② R4 临床医学下设诊断学、治疗学、护理学、临床关怀学和康复医学五个类目。R44 诊断汇集总论疾病诊断的文献，专论疾病诊断和诊断器械设备的文献入有关各类，X 线检查入 R816，放射性同位素检查入 R817.4。如《诊断学》，标引为 R44；《神经系统疾病的检验诊断》，标引为 R741.04；《X 线诊断学基本功》，标引为 R816；《临床核素影像诊断学》，标引为 R817.4。R45 治疗包括各科通用的治疗法，有关某一疾病的治疗入有关各类，中医疗法入 R242，特种疗法入有关各类，如休克疗法入 R749.054，放射疗法入 R815，康复疗法入 R493。如《临床治疗学》，标引为 R45；《乳腺综合治疗》，标引为 R737.905；《血管介入放射治疗》，标引为 R815。R47 集中护理学基础和专科护理学方面的文献，中医护理学入 R248。如《内科护理学》，标引为 R473.5；《中医外科护理学》，标引为 R248.2。

③ R5/78 临床各科医学文献，先分入临床各科，再依照临床医学专类复分表分。临床各科疾病划分标准有所不同，有的按照病变部位分，有的按病变机

制分，有的按诊治手段分，而且有的类目需要集中，这样可能导致某些疾病出现交叉现象。进行分类标引时，如果把握不好就容易出现错误。

（五）药学分类

R9 药学主要收录药物分析、药剂学、药理学和药品等方面的文献。专论药品生产的文献入 TQ46，各种药品的药物分析、药理入 R97，各种药品的临床应用入有关各科，文献内容同时涉及 R98 各科药物和 R97 药品的，入 R97 药品类，有关药材的文献入 R28 中药学，有关药用植物种植、药用动物饲养方面的文献入农业科学各类。如《药理学》，标引为 R96；《抗生素的合理应用》，标引为 R978.1。

六、网络医学信息资源分类

分类法在组织传统文献资源上发挥了极大的作用，这一方法在组织网络信息资源时同样十分出色。利用分类法组织网络医学信息资源主要有以下两种方式。

第一，直接利用或改造已有的文献分类法组织网络信息，通常是大学图书馆、学术性全文数据库采用的方法。如超星数字图书馆就采用《中图法》组织资源。

第二，自行设计分类导航体系，建立分类目录，大多数网站和搜索引擎采用这种形式。国外的医学搜索引擎，如 Medscape、Health Web 以及 Medical Matrix 等都建立了分类导航，提供分类浏览的服务，也有不少中文医学搜索引擎采用这一方法，如 37 度医学网。该网站首先按资源类型划分出医药文献、医学期刊资源、医学理论、医学书籍、医学图库、医院管理和医网导航等类别，在每一种资源类别下，又按照一定的标准继续划分。

第四节　医学文献信息资源主题标引及其工具

一、主题标引的相关问题

（一）主题标引的概念

主题标引是对文献进行主题分析，从自然语言转换成规范化的检索语言的过程。具体而言，标引就是在主题分析的基础上，以一定的词表或标引规则为依据，将信息资源中具有检索意义的主题概念（关键词）转换成相应的规范词，并将其组织成能够表达信息资源内容特征的标识的过程。医学文献主题标引，顾名思义，就是以医学文献为标引对象进行的主题标引。其目的是通过对医学文献主题特征的描述，建立起方便使用者医学文献查找的医学主题词检索系统。

（二）主题标引的原理

信息存储与检索是一个交流的过程，与日常生活中人们用自然语言交流一样，两者之间会存在一定的语言障碍。如果用户对信息需求的表达（检索用词）和标引员对文献主题概念的揭示（标引用词）之间存在误差，那么整个过程就会因语言障碍而导致失败。因此，这个过程需要用一种受控检索语言对标引和检索所用的词汇进行控制，从而把用户的语言和标引者的语言统一起来。

1. 信息检索中实施词汇控制的必要性

自然语言指人们在交流中采用的书面语言或口头语言，是一种意义模糊、不易受约束的人类交流思想的符号系统。所谓词汇控制，就是把自然语言加工成信息检索语言的信息控制过程。为什么要对信息检索中的词汇（标引用词、检索用词等）实施控制呢？原因在于自然语言用于信息检索时存在着以下缺点。

（1）词汇的同义现象

一义多词，即一个概念可用多个语词表达。如果不对同义词、准同义词加以控制，那么就会使查全率降低。如人们熟悉的艾滋病这个概念，在自然语言中就有 AIDS、艾滋病、获得性免疫缺陷综合征等多种表达方式，如果不对其进行规范化处理，那么用户在检索时若选词不全就很容易漏检。

（2）词汇的多义现象

一词多义，即一个语词代表多个概念，具有多种含义，若脱离上下文，就很难判断其含义，从而影响查准率。如疲劳，可以指生理上的，也可以指机器、材料方面的，甚至可以被用在感觉上，如审美疲劳等。

（3）词汇的模糊性和不确定性

自然语言可以采用借喻、转义等多种手段表达词汇的含义，但也会造成词义含混、难以辨认。如突变，词义本身就具有很大的不确定性，可以指基因突变，也可以指经典人文地理突变等。

（4）词间关系不明晰，无法清楚地显示概念之间的关系

如计划生育、避孕和人口控制这三个词，按字顺排列是分散的，看不出三者之间的内在联系，而在主题词表中，可通过参照注释看出这三个词之间存在

的相关关系。由此可见,只有对自然语言进行适当的处理,才能克服其存在的缺陷,提高检索效率。

2. 标引的原理

在信息的存储和检索过程中,为使信息在用户和系统间有效传递,各种检索系统会使用专门的语言体系来描述信息的内容特征和外部特征,同时要求用户依此构建检索提问式来进行检索,这就是标引的原理。标引首先是对文献内容进行主题分析,把握文献所论述的中心内容,形成主题概念,然后通过词表选用特定的文献检索语言表达主题概念,也就是将主题概念转换成文献的特征标识主题词,最后将这种标识按其内容和出处进行编排,输入文献检索系统中。文献检索是标引的逆过程,是在对课题的实质需求进行分析的基础上,选定主题概念,同样借助词表转换成规范化的主题词,即构建检索提问式,并向检索系统提问,匹配检索结果的过程。因此,标引和检索有着密不可分的关系。标引是手段,标引的目的就是建立检索系统,标引是为检索服务的;而检索系统的建立也必须依赖标引。离开了标引,就没有真正意义上的检索;反之,离开了检索,标引也就失去了意义。

在标引过程中,对自然语言进行处理是标引的关键。这是一种把自然语言加工成信息检索语言的信息控制过程。它包括两个方面,一是对自然语言的语词进行压缩、优选和规范化处理;二是对自然语言的语义进行处理。二者相比,显然后者比前者更为重要。因为自然语言没有专门的控制词表,无法显示出词汇之间的语义关系。而叙词表和分类表,通过识别概念间关系,可以建立起一个与概念体系相对应的、具有层次结构的术语体系(即词汇体系)。在这个体系中,词汇之间是相互联系、相互依存、相互制约的。每个词汇的意义不再仅由其名称决定,而是主要由它在这个体系中的特定位置来决定。

3. 标引在信息检索中的作用

检索语言的作用是沟通文献加工者和用户的桥梁,使双方在不同时间、不同情况下在描述同一信息特征时保持一致。由于信息检索的匹配过程是通过检索语言实现的,所以检索语言质量的好坏以及对它使用的正确与否将直接影响检索效率,因此用户检索能力的提高也离不开对检索语言的了解和掌握。

(1) 标引质量决定检索系统质量

由于检索系统是经过标引建立的,所以标引的正确与否将直接影响检索结果。标引质量主要指标引的准确性、符合性和一致性。其中准确性指以对文献主题内容进行分析、提炼和转换为检索标识的准确程度,它是衡量标引质量的首要标准；符合性指标引所用的检索标识必须与词表中的主题词的词形相符，包括选词规则和组配规则的相符性；一致性指同一标引人员在不同时间或不同标引人员在同一或不同时间对同篇文献或相同主题的文献所赋予的检索标识（主题词）的一致程度。只有这样，才能使相同主题的文献集中在检索系统的同一主题之下。如此，用户检索时，才能用相同的主题词检索到内容相同的文献。事实上在进行文献标引时，尽管每篇文献的题名可能不同，但只要反映的主题内容相同，经过主题标引后，都能将其归入相同的主题词下，从而保证了检索系统较高的检索效率。因此，要提高文献主题标引质量，必须提高标引人员的素质。

（2）学会标引方法，提高检索效率

既然检索系统是经过标引建立的，那么对于检索者而言，学会标引方法，就能更好地使用检索系统。通过检索原理可以知道，越了解检索系统，越容易选择检索提问词，匹配效果就会越好。此时信息检索语言在检索中起到了语言保障的作用，是沟通信息存储与检索两个过程、标引者和检索者双方思想的桥梁。因此，无论是专业检索者还是普通用户，都应认识到标引的重要性，认真学习标引的理论和方法，使信息检索工作达到较高的水平。

综上所述，标引在检索中有着极其重要的作用。它不仅决定检索系统的质量，也直接影响检索效果。谁掌握了标引方法，谁就掌握了检索的实质，谁就可以用最少的精力和时间，在信息海洋中获得猎取知识的主动权。

（三）主题标引深度

1. 标引深度的概念

标引深度（indexing depth）指对一篇文献的内容进行周详标引的程度，或者说标引一篇文献所赋予的主题词数量。一般来说，一篇文献给予的主题词越多，标引深度就越深。但在讨论深度时有一个前提条件，那就是所选的主题词必须能够正确反映文献的主题内容，否则标引深度就失去了意义。在用词准确的前提下，标引深度越深，揭示一篇文献的内容就越全面，如此就越能增加文献的专指性，实现多途径检索。因此，标引深度是影响查全率和查准率的重要因素。给予一篇文献的检索标识少，称为浅标引；给予一篇文献的检索标识多，称为深标引。当然，标引人员在标引具体文献时，要根据实际情况灵活掌握，因为标引深度的控制不是孤立的、绝对的，而是相对的。它受诸多因素的影响。

2. 标引深度的影响因素

（1）标引深度与检索效率

标引深度与检索效率是一种互逆相关性。一般是加大标引深度会提高查全率而降低查准率，缩小标引深度则会提高查准率而降低查全率。但在一定限度内，加大标引深度既可提高查全率，又可提高查准率。

（2）标引深度与标引成本

标引深度与标引成本成正比。一般是加大标引深度会增加标引成本。标引深度与标引效益的关系则视文献的重要性和检索系统的使用率而定。如果文献价值不大采用深标引反而会降低标引效益。如果检索系统的使用率很低，加大标引深度也不会增加标引效益。

（3）标引深度与被标引文献

被标引文献的价值应与标引深度一致，即价值大的文献应给予深标引，反之做浅标引。被标引文献的学科内容与标引深度有关。某些学科的文献可标引的项目较多，某些学科可标引的项目较少。被标引文献的数量与标引深度应成正比，即同等学科范围或专业范围的检索工具或数据库，收录文献数量较多者，应提高标引深度，否则可降低标引深度。

（4）标引深度与检索系统

标引深度应适应检索系统用户的检索要求。供专业用户使用的检索系统，应采取较大的标引深度；供一般用户使用的检索系统，则可采取较小的标引深度。对于专业性检索系统收录的文献，若属于本专业的，可采用较大的标引深度；若属于相邻专业的，则可采用较小的标引深度。

（5）标引深度与信息检索语言

信息检索语言的类型与标引深度有关。如使用体系分类法则不可能做深度很大的标引，采用组配分类法或主题法则可做深度较大的标引。

（6）标引深度与文献分析

标引深度取决于文献分析，即对文献做宏观分析还是做微观分析。对文献做宏观分析时，分析出的主题概念少，因而标引深度小；微观分析时，分析出的主题概念多，标引深度就大。当然，标引深度不能过深，因为过深，检索误差就会增大，此时虽然查全率会上升，但查准率会降低。

可见，在建立检索系统时，应该为所标引的文献制订一个适宜的标引深度。根据检索系统和期刊优先级的不同，标引深度的划分标准也有所不同。如何确定标引深度，在很大程度上取决于标引方式的选择。如果检索系统采用的是浅标引，则可采用概括分析的方法，只分析信息资源的整体性主题；如果检索系统采用的是深标引，则可按描述分析的方法，对论述的各种有检索价值的主题概念进行充分的提炼和选取。另外，不同专业文献单位对标引方式的要求也不同。一般来说，综合性文献单位要求根据资源的整体内容，全面分析出有检索价值的主题对象；专业文献单位则根据用户需要，重点选取与本专业有关的信息内容。

（四）主题标引等级

1. 标引等级的概念

在对文献进行主题标引时，通常会选出若干个反映文献内容的主题词，这些主题词的重要性不可能一样，尤其在深标引的情况下这种现象会更加突出。此时，为了让用户了解这些主题词的重要程度，那么就需要对其进行标引等级的确认。所谓标引等级指将文献中的主题内容根据其重要程度划分等级，主要分三个等级，即一级概念标引、二级概念标引和三级概念标引。

2. 标引等级的标注方式

对于一篇已标引完的文献，尽管标引员已经明确了所标识的主题词的等级，但如果没有一种特殊标记做说明，那么其他人就不可能了解这篇文献的主要论点。因此，必须采用一种方式加以标注，这个方式就被称为加权标引。所谓加权标引就是指一种采用打星号的方式区分主要标引词和次要标引词的过程，即为所标引的主题词确定 IM 词和 NIM 词的过程。加权标引的目的是揭示文献重点，划分标引等级。它的表达方式有两种：一种是将星号加在主题词前面，如*肝肿瘤，表示仅对该主题词加权，说明文献重点讨论的是肝肿瘤的问题，至于具体讨论肝肿瘤的哪些方面尚不确定；另一种是将星号加在主题词和副主题词之间。如肝肿瘤/*外科学，表示对主题词和副主题词同时加权，说明该文献讨论的重点是肝肿瘤的外科手术方面。

3. 标引等级和标引深度的关系

根据标引等级可以将标引深度分为深标引和浅标引。此时深标引指对文献内容做完全的标引，即不仅标引文献的主要论点，而且标引次要讨论但仍有重要性的内容。简而言之就是主要次要概念同时进行标引。目前机检系统采用的多为深标引，浅标引则指仅标引文献主要论点的内容，即对主要概念进行标引。加权标引是由浅标引决定的。由此可见，标引等级和标引深度的关系十分密切，即标引等级决定标引深度。通过标引等级可以将文献内容的提炼确定在三个层面：核心概念面、重要概念面、一般问题面。标引时应根据检索系统的需求将这些概念面有针对性地放在相应的地方。

二、医学主题词表

（一）主题词表的概念、作用和结构

1. 主题词表的概念和作用

主题词表，也称叙词表。它是将文献标引人员或用户的自然语言转换成规范化名词术语的一种术语控制工具。主题词表的作用主要有以下几点。

第一，对叙词法的实施起管理作用。为了保证叙词的规范化，哪些词语是叙词，哪些不是，哪个概念用哪一个叙词来表达，这些必须有明确的规定，才不至于出现混乱，并使叙词系统保持较高的检索效率。叙词表就是提供现行的、与事物概念唯一对应的、标准的标引检索用词的权威性词表。

第二，保证文献的作者、标引者和检索者之间用词一致。叙词表中严密的标引注释、参照注释，可以指导标引者和检索者找到正确的叙词或组配词。

第三，编排和组织检索工具。叙词表不仅有规范词汇和选词的作用，而且还可以作为编制检索系统的依据。如美国《医学索引》的主题索引部分就是依据叙词表的主题词排列的。

2. 主题词表的结构

叙词表一般是由一个主表和若干个辅表构成的。主表是其主体，可以独立存在。辅表则是为了方便主表的使用而编制的各种辅助索引，只能和主表配合使用。一部完整的叙词表可以由下列要素组成：叙词字顺表（主表）、叙词分类索引、叙词等级索引、叙词轮排索引、叙词双语种对照索引、专有叙词索引、人口词索引、叙词关系图。

以上列举的是一部叙词表的完整结构，但并非每种叙词表都如此。常见的是拥有其中的部分结构，其大致可分为只有一个表的叙词表（一般都是字顺表）、由两个表组成的叙词表（有一个必定是字顺表，另一个多为分类索引）、由一个主表和三四个辅表组成的叙词表。

（二）医学主题词表的收词和编排

医学主题词表是由美国国立医学图书馆于1963年编制的世界知名的医学叙词表，其结构由一个主表和若干个辅表构成。主表是医学主题词字顺表，辅表有轮排表、树状结构表两种。

1. 医学主题词表收词的数量和种类

其可分为以下四种：①叙词：占总收词量的绝大多数，如肝肿瘤、胆囊炎、维拉帕米、甲状腺等；②款目词，也称入口词：引导标引者找到叙词，即指明词间的用代关系，如弓形足见足畸形等；③非主题词，也称类目词：为保证分类体系完整而设，只作为树状结构表示设置的类目词，不用于标引，如肌骨骼畸形（类目词）等。④副主题词：仅对叙词起限定作用，无独立检索意义。其作用是缩小检索范围，提高查准率，如肝炎/诊断、环丙沙星/药理学、结核肺/化学诱导等。

2. 医学主题词表的收词原则

①稳定性：词汇是随着社会发展和科技进步不断变化的。但是，词汇控制的决定一旦做出，就应当尽量保持稳定。这里包括对标引与检索用词、非标引与非检索用词的取舍和选择，不应轻易变动。

②正确性：信息检索正式选用的词汇应当科学，表意准确，使用普遍，而且必须符合本国语言的构词法及有关语言、文字方面的规定。

③单义性：原则上是一个语词只能表达一个概念，或一个概念只能用一个语词表达。但是，要求所有的概念与词一一对应，是不大可能的。这里的单义性指在专业范围内一个词语应该只表示一个概念。只有当两个专业领域相差很远、对词汇的理解可确保无歧义的情况下才允许有一词多义的现象。

④系统性：信息检索词汇应有一定的层次结构，能够清晰地反映概念之间的基本关系，它们或者是种属关系、平行并列关系、整体和部分的关系，或者是因果关系或其他相关关系。

⑤简明性：词汇应当精练，尽可能简短明了、易读易记、易输易检。标题表、叙词表对词汇的长度都有规定，不得突破。词汇过长，不便使用，不便进行标引用词与检索用词的相符性比较。

⑥成族性：选用的词汇应当易于字面成族，即有较强的构词能力。例如，"皮炎"可以派生出"皮炎，剥脱性""皮炎，接触性""皮炎，刺激性""皮炎，光毒性""皮炎，光变应性""皮炎，药物性""皮炎，脂溢性"等词。

（三）医学主题词表的结构和使用

医学主题词注释字顺表（MeSHAAL）是医学主题词表的主表，每个主题词下都有完整的主题词款目结构，款目结构是字顺表的基本结构单元，包括以下几个部分。

1. 树状结构编码

树状结构编码也称树状结构号或分类号。医学主题词字顺表（MeSH）将字顺表中的主题词按照学科分为 16 个大类，编成树状结构表，该号为树状结构表的分类号，通过此号可以确定该主题词在分类表中的位置。如果该词后面有"+"号，则说明该词下面还有下位类主题词。

2. 注释系统

注释系统是注释字顺表的主体，包括标引注释、编目注释、历史注释和联机检索注释。

①标引注释：注释系统的核心，专为标引人员编写的，是由医学文献分析与检索系统（Medical Literature Analysis and Retrieval System，简称"MEDLARS"）标引组提供的。其主要作用是规范标引者的选词。

②编目注释：为图书标引所采用的一种注释。专供图书编目人员使用。其中包括编目时专用的副主题词。

③历史注释：由于词表年年维护，因此一些主题词的收入年代、出现形式、族性位置、叙词地位以及参照系统等均有不同的变化。通过历史注释可以了解某词的历史沿革。

④联机检索注释：与历史注释密切相关，由该注释决定联机检索在不同时期应使用的主题词形式。

3. 参照系统

参照系统揭示了各个分散独立的主题词之间的内在联系，体现了叙词揭示词间语义关系的功能，从而使整个词表形成一个语义网络。MeSH 通过三组参照符揭示了这些关系。利用参照系统既便于标引者或检索者准确地选词，又能实现扩展检索、提高检索效率的目的。三组参照包括以下内容：①用代参照，揭示等同关系；②属分参照，揭示等级关系；③相关参照，揭示相关关系。

三、主题标引的原则和步骤

（一）主题标引的原则

标引原则指标引人员必须遵守的工作准则，目的是确保文献标引的准确性、一致性和连贯性。主题标引规则复杂而详细，包括以下原则和步骤。

1. 主题标引的一般原则

主题标引的一般原则指为保证文献标引的一致性和连贯性，贯穿于整个标引过程中的原则。

①真实性。即必须标引真实的全文文献，不能只根据文献的题目或摘要进行标引。尽管绝大多数文献的题目经过了作者的推敲，能概括文献的实质内容，但很难将文献的内容概括全面，尤其是专业性很强的文献，必须经过全文标引才能全面揭示。

②客观性。标引行业中有句名言："Indexer is only indexer。"也就是说，标引人员须忠于原文，客观对待要标引的文献，无权对其妄加评论和猜测，更不能掺杂个人的观点和褒贬。而且，对原文的标引，也仅限于由实验证实的研究结果或讨论的内容，对作者在结论中的推断与假设，要慎重考虑是否有确切的事实依据，否则不能随意标引。

③专指性。所谓专指性指标引时要选用与文献内容最匹配的专指主题词，不能以泛指主题词（如血细胞）来标引专指概念（如红细胞），即当标引关于红细胞的文献时，不能用"血细胞"来标引，以保证检索系统的查准率。

④一致性。所谓一致性指标引内容相同的文献时，同一标引员在不同时间，不同标引员在同一或不同时间所用主题词应力争保持一致。只有这样，才能使同类文献集中在检索系统的同主题中。这样，用户在检索时，才能用相同的主题词检索到内容相同的文献。一致性原则是保证文献检索系统检全率、检准率的基本条件之一。

⑤全面性。全面性要求标引人员在标引某篇文献时，所选的主题词应尽量全面，以保证检索者能从各自的专业角度检索到这篇文献。即能满足该学科不同专业的检索需求。

⑥符合性。符合性原则贯穿于整个标引活动，标引的符合性是一致性的基础，做到了符合性才容易达到一致性。

2. 词表转换原则

词表转换原则指标引员在进行词表转换时应该遵守的原则，也称选词原则。虽然医学主题词表以收录医学词汇为主，但因词表的规范化和收词量的限制，词表中的词不可能完全满足自然语言中无限丰富的自然语言语词的需要。所以，在实际标引时，并非所有的词都能够在词表中直接找到完全对应的主题词，此时就需要进行一定的转换。为了使转换时的方法一致，MeSH 提出了严格的选词原则，具体步骤如下：

1. 首选先组词

所谓先组词，指 MeSH 为了保证专指性而事先在词表中放置的一些出现频率很高的复合概念词，如"糖尿病性视网膜病变""血小板减少性紫癜"等。

标引时首先应该选用这些主题词，而不用这些概念的组配词，如"糖尿病"（主题词）+"视网膜病变"（主题词）。不仅如此，还要求所选主题词的书写形式（包括复合主题词的先后顺序、标点符号、外文字母、阿拉伯数字等）与词表中的词形完全一致，如"高血压，肺动脉性"（倒置形式主题词）。

2. 次选组配词

如果词表中没有相应的专指主题词（先组词），那么就可以采用概念分解转换的方式表达文献中的复合概念，即选用最直接相关的几个主题词或"主题词/副主题词"组配来表达。如"神经病学"+"解剖学"表达神经解剖学（自然语言），"溴/中毒""锌/缺乏"表达溴中毒（自然语言）、锌缺乏（自然语言）等。

3. 再选上位词或靠近义词

如果采用主题词或副主题词组配也不能恰当地表达复合概念或专指概念，那么可选用与该概念邻近的上位词或靠近义词标引，如假性近视（自然语言）用"近视"（主题词）表达等。

4. 补充关键词

对于有些专指概念，尤其是反映某学科领域最新进展的新概念、新术语等，为了保证查准率，当采用上述方法均不适合时，可直接采用关键词标引，如"后基因组""单羧酸转运泵""低密度脂蛋白受体基因"等概念，在词表中找不到合适的对应词，也没有合适的上位概念可以靠，就可以直接将这些词作为"自由词"进行标引。

5. 主题概念转换

在标引人员依照选词原则查表选词、转换主题概念的过程中，需注意以下问题：

①随时注意主题词的增删、变更，尽量使用最新版本的主题词表。为适应生物医学的快速发展，MeSH 词表每年修订一次，每次都会有增加、删除或词形变化的主题词，用不同年份的词表标引时结果就会有所不同。解决的办法就是尽量使用最新版本的词表。每年更新的主题词变化列表可通过 MeSH 网络版免费获得。

②自行转换主题概念。自然语言的同义词现象层出不穷，而词表中给出的仅仅是其中的一种形式，在词表没有给出"用""代"参照提示的情况下，大量的自然语言词汇需要靠标引者自己转换。因此，自行转换主题概念，指由标

引者自己将关键词转换成规范化的主题词的过程。此时，标引人员的专业知识就显得十分重要。如"血象"一词，词表中没有与之对应的主题词，标引人员运用专业知识或利用相关书籍或请教专家对该词进行深入理解，就能找到其对应的主题词"血细胞计数"。

6.利用英文词形查找中文主题词

由于我国应用的 MeSH 词表是中译本，而某些主题词的中文翻译与中文文献通常的表达习惯可能不尽相同，尤其是药物名称类的词汇，所以常常会出现找词困难的现象。此时，可从文献的英文文摘或参考文献里找到该概念的英文形式，再从英文词入手便可找到对应的中文主题词。如"丹那唑"这个词，从主题词表的中文"丹"字入口查不到，但在英文摘要里可找到该词的英文形式"Danazol"，此时从这个英文词入手，即可查到相应的中文主题词为"丹那唑"。

（二）主题标引的步骤

在主题标引过程中，遵循正确的步骤和掌握正确的标引方法，是每个标引人员必须具备的标引基本功。主题标引工作的基本流程如下：

1.文献主题分析

主题分析是主题标引的初始环节，其质量好坏直接影响最终的标引结果。因此必须对其重要性有充分的认识，目的是便于标引者从主题词表中选择一组恰当的与语义相关的主题词作为文献的检索标识。

文献主题分析包括审读文献、提炼主题概念、确定主题类型、剖析主题结构和确定概念间的关系。这五个环节在主题分析过程中往往交织在一起，很难截然分开。

（1）审读文献

正如主题标引一般原则所述的那样，标引要求全面性和专指性，要求标引在手的文献，所以审读文献必须注意的关键一环是不能只凭题名标引。但也并非每篇文献都要全文阅读，而是应遵循一个基本流程：阅读并理解篇名→阅读引言→逐段浏览文章→阅读讨论→阅读结论浏览一般资料、材料与方法→浏览参考文献→参阅关键词和摘要。在阅读时要思考下列问题：这篇文章的主要论点是什么，次要论点是什么，其实验、诊疗方法是特殊的、改进的吗，刊载文章期刊的级别如何，是权威期刊还是普通期刊，是基础研究还是临床研究等。

（2）提炼主题概念

标引人员在审读文献的过程中，需要提炼文献的主题概念，即对文献的内容进行"去粗取精"。由于标引人员知识背景和能力水平的差异，所以主题概念提炼的结果会有很大差异，尤其是初标引者对标引深度的把握欠佳，容易出现各种提炼错误，这些错误主要表现在以下几方面：①主题概念提炼不全。这种误差往往被称为"漏标"，会直接导致漏检，影响查全率。②主题概念提炼过多。这种误差往往因过度标引而增加检索"噪音"导致，常常会引起误检，降低查准率。③主题概念提炼错误。其指提炼出来的主题概念与文献中论述的主题概念含义不相符。如在"高血压的药物治疗"这一主题概念中，如果提炼出"高血压的治疗"，则以外延大的概念"治疗"代替了外延小的概念"药物治疗"，而且"治疗"的外延包含了"药物治疗"的全部外延，这就是以大概小。反之，如果对主题概念"高血压的治疗"，提炼出"高血压的药物治疗"，就是以偏概全了。

（3）确定主题类型

虽然文献的主题内容错综复杂，但可以按不同标准将其划分为几种有限的类型。掌握几种主要的主题类型，有助于标引人员进行主题分析，提高主题分析的质量。根据文献中讨论的主题数量的多少，可以将文献主题划分为以下几种类型。

①单主题。单主题指一篇文献所研究的对象或问题只有一个，即只有一个主题。如果以主题词为概念单位来衡量，那么单主题可分为两种类型：一是单元主题，其是由一个概念单元，即一个主题词就可以表达的主题，如《内科学》《药理学》等书籍，它们所研究的对象或论述的问题只有一个，词表中有相应的主题词"内科学"和"药理学"，这样的主题即为单元主题。单元主题常见的形式多出现在图书编目中，在期刊论文中是极为少见的。后者大多为单主题的另一个类型，即复合主题。二是复合主题，指一篇文献的主题必须由几个概念单元进行逻辑组配才能表达或描述的一种主题。例如，"膀胱直肠瘘"这一主题，要由"膀胱瘘"和"直肠瘘"两个主题词进行组配才能表达；"胃肠道对红霉素的反应"这一主题，要用"胃肠系统/药物作用"和"红霉素/药理学"这两个"主题词/副主题词"的组配，才能描述清楚。

②多主题。多主题又称并列主题，指一篇文献所研究的对象或问题不止一个，而是几个具有并列关系的对象或问题。多主题由两个或两个以上单主题组成，因此分析主题时必须首先将多主题解析为一个个单主题。例如，"小儿腹泻与营养不良的饮食疗法"，分析时应将它解析为"小儿腹泻的饮食疗法"和"小儿营养不良的饮食疗法"两个并列的复合主题。

（4）剖析主题结构

一篇文献无论内容长短，都会涉及不同的主题因素，根据我国国家标准《文献主题标引规则》（GB/T 3860-2009）中规定的主题分面公式，主题因素可概括为五个基本范畴面：主体面、通用面、位置面、时间面、文献类型面。因此，剖析主题结构就是要分析每篇文献中究竟包含了多少个范畴面，每个面中又包含了多少主题因素及它们之间的关系。

划分主题结构范畴面的标准应当是由所标引的检索系统的性质、任务和要求决定的，更确切地说，是由标引时依据的主题词表及其标引规则决定的。虽然每一种主题词表都有相应的范畴表或分类表，但它是从学科体系角度对主题词进行分类的，而主题结构模式对主题词的分类则是依据主题词在主题中的不同地位和作用划分的，二者是不同的。在医学文献主题标引中，我们将《医学主题词表》中的主题词和副主题词归纳为4个基本的范畴面，每个面即一种类型的主题因素。

①主体面。主体面是文献主题的主体部分，即文献所研究和论述的主题中的关键性概念。主体面中的主题因素称为主体因素。词表中凡是具有独立检索意义的主题词，都属于主体面中的主体因素。这种因素范围甚广，各种疾病、药物或化学物质、解剖学、生理学、诊断技术和生物学等概念均在其中。一篇文献的主题可能含有几个主体因素，这几个主体因素都可成为该文献的检索入口。

②通用面。指文献主题中的限定部分，即构成主题的一些通用概念。通用面中的主题因素称为通用因素。《医学主题词表》中的副主题词（如诊断、治疗、副作用等）所描述和表达的概念就是通用因素。它们一般没有独立的检索意义，在主题中仅对主体因素起限定或揭示两个主体因素关系的作用。

③对象特征面。即文献主题的特征属性，是对主体面的一种限定和修饰。特征面中的主题因素称为特征因素。词表中的特征词所表达的概念就是特征因素。特征词是临床医师和科研工作者共同感兴趣的一组概念标识，其目的在于提供检索用户依据研究的不同状况进行专指性的成族检索。在医学文献主题标引中，为了提醒标引人员注意，特征词在标引工作单中常常被单独列出，包括种属（人或动物）、性别、年龄、年代、研究类型、出版类型等。

④位置面。即文献研究和论述的对象所处的空间位置。位置面中的主题因素称为位置因素，包括国家、地区、地名以及机构方面的主题词。在医学文献主题中，位置因素一般是从地理方面对主体因素的一种限定和修饰。

（5）确定概念间的关系

一篇文献通常会涉及多个主题概念，这些主题概念之间并不是相互孤立的，而是建立在一定逻辑关系的基础上的。只有明确概念间的关系，才有助于正确选词和组配标引。常见的概念间的关系有并列关系、交叉关系、限定关系、因果关系、影响关系、应用关系、相关关系等。

2. 转换主题概念

在分析文献主题、提炼出主题概念之后，就要根据检索系统规定的标引深度对主题概念的数量进行控制，接下来，就是对照主题词表将提炼出来的主题概念转换成规范化的主题词。主题概念转换的种类与主题的类型有密切关系，主题的类型往往决定着主题概念转换的种类。主题类型的划分是由能否用一个主题词或几个主题词描述和表达决定的，按照这个标准可将主题概念的转换分为两种类型，即直接转换和分解转换。

（1）概念的直接转换

文献的单元主题可采用概念的直接转换。在这种转换方式中，尤其要注意一些复合主题词的转换。主题词表中往往会收录一些专指性强、出现频率高的先组词，一个文献的主题即使由两个以上概念组成，但只要词表中有相对应的主题词，就要直接使用，其具体例子如下所示：

①文献主题：维生素 D 的缺乏

主题概念：维生素 D 缺乏

相应的主题词：维生素 D 缺乏

②文献主题：肾血管性高血压

主题概念：肾血管性高血压

相应的主题词：高血压，肾血管性

（2）概念的分解转换

文献的复合主题在词表没有先组词的情况下，就需要由两个或两个以上的主题词组配表达。值得注意的是在进行概念分解组配时，需要使用的是概念组配，而非字面组配，其具体例子如下所示：

①文献主题：贲门肿瘤

主题概念：贲门肿瘤

分解的子概念：贲门；肿瘤

相应的主题词：贲门；胃肿瘤

②文献主题：胃十二指肠结肠瘘

主题概念：胃十二指肠结肠瘘

分解的子概念：胃瘘；十二指肠瘘；结肠瘘

相应的主题词：胃瘘；十二指肠疾病；肠瘘；结肠疾病

可见，概念分解是复合主题概念转换必须使用的方法，也是正确选用主题词和进行概念组配的基础。

3.填写标引工作单

在分析文献主题和转换主题概念后，即对标引的主题词进行加权处理。然后将标引结果填入标引工作单。标引工作单是标引人员对标引的文献所做的记录，标引时每篇文献使用一张工作单。我国医学文献标引工作单的内容包括基本著录项目（页码、语种、作者、题名等）、特征词项、主题词项、中医词项、关键词项等栏目。标引工作单是将数据输入计算机的依据，标引人员填写时必须按照填写规范、准确无误地填写。

4.标引结果审核

主题标引结果的审核指标引结果的终审，也是主题标引的最后一道程序，是保证主题标引质量和检索系统质量的一项重要措施。它通常不由标引人员本人来完成，而是由经验更丰富、更高一级的标引员来做。审核内容通常包括以下几个方面：①文献主题概念的提炼是否全面、准确，隐含概念能否被提炼出来。②选用的主题词是否符合选词原则和组配规则。③标引深度的确定、加权标引是否合适。④同类主题所使用的标引词是否一致。⑤标引工作单的填写有无错误，特别是特征词的选择有无遗漏等。

第五节 分类标引与主题标引的比较

一、分类标引和主题标引的相同点

第一，标引对象相同。分类标引和主题标引都以文献的内容为主要对象，都以其研究的事物、问题、现象即主题为中心进行处理，并揭示其相关性。

第二，标引要求基本相同。分类标引和主题标引都是编制检索工具（系统）的手段。分类标引的结果可用于组织文献排架和编制分类目录，主题标引则主要用于编制主题目录。两者都要求文献的标引要达到正确、一致、充分、适用。

第三，标引方式基本相同。分类标引和主题标引都可以根据对文献内容的揭示程度和特点，分为整体标引、全面标引、综合标引、分析标引和部分标引等方式。

第四，标引过程基本相同。分类标引和主题标引都可以划分为主题分析和词表转换两方面。首先通过对文献主题类型和结构的分析，明确其需要标引的主题内容，然后分别利用标引工具——分类法和主题词表进行转换，以标识描述其主题内容。

上述分类标引和主题标引的一致性，是由分类法和主题法这两种检索方法的基本性质和总体功能的一致性决定的。而作为实现手段的标引，其本质上也是相同的。上述一致性，正是两者基本性质一致的反映。

二、分类标引和主题标引的不同点

（一）主题分析的角度不同

虽然分类标引和主题标引都是从内容角度标引文献的，但分类标引侧重于从学科角度进行组织和揭示，除需确定待标的内容对象外，一般还必须进一步弄清其研究的学科角度；主题标引则不必考虑学科属性，其可以直接根据文献的内容进行标引。如对肝硬化的描述，使用分类标引，必须首先确定该词应该归属的类目 R5（内科学），其次逐级浏览至 R57（消化系统疾病），如此才能找到与该词接近的类目 R575（肝疾病），最后选择最合适的类目 R575.2（肝硬化）；而主题标引，不必确定其学科归属，直接找到与肝硬化对应的主题词"肝硬变"即可。

（二）标引的专指度不同

分类标引以学科体系为类目展开的基础，子目的列举受体系束缚，加上采用先组方式，所以标引一般比较概括，对专指的研究对象，只能按所属学科将其归入范围较大的类目中；主题标引中主题词的选取则不必受体系的限制，其可以通过组配的方式表达主题，因此其揭示的内容往往比较充分，能达到较高的专指度。如杂交瘤、单克隆抗体、白细胞介素 17 等概念，从主题词表中可以很方便地找到对应词，但从分类表中则很难找到合适的类号。

（三）检索深度不同

检索深度指检索系统中一篇文献所具有的检索款目的数量。分类标引由于线性序列和整组标记的局限，往往不能充分揭示主题之间的各种联系，无法从多方面揭示图书主题，检索入口相对较少；主题标引采用散组标识，以组配方法表达文献主题，而且通过轮排方式可以从不同角度找到检索点，满足多途径检索的需要。此外，主题标引具有特性检索的特点，便于灵活反映文献的内容，也有助于增加检索深度。当然，即使在使用主题标引的情况下，检索款目数量也必须符合检索工具的特点，不能无限制增加。

（四）适应学科变化不同

主题词的动态性决定了主题词表的维护更新更容易，所以主题标引更能适应医学科学的发展。例如，医学主题词表每年更新一次，每次都会增加许多新词、删除很多旧词，所以主题标引的适应性好；而分类标引的体系结构一经确定，往往要保持一定的稳定性，由于受藏书排架的限制，所以不可能年年变更。

（五）排列方式不同

主题标引中的主题词是按字顺排列的，词与词之间没有必然的联系，既不涉及范围大小，也无内容宽窄之别，因此排列非常客观；分类标引则依据学科的体系结构，排列非常严谨，同时类目设置受人为因素影响较大。选择时往往要上下左右考虑周全。例如，输卵管结扎术属于输卵管手术类，按照分类标引应归入输卵管手术 R713.5 的类号下，但事实并非如此，因为中图法已人为规定将输卵管结扎术归入计划生育 R169.4 的类号下了。由此可见，分类标引归类的人为影响比主题标引大。

（六）集中文献方式不同

如果从学科体系出发，根据学科查阅信息，显然分类标引优于主题标引。但若从某一主题出发，检索与该主题有关的各方面的信息，会发现后者优于前者。也就是说，从所谓的相对集中性来说，主题标引优于分类标引。

综上所述，分类标引和主题标引的差异从根本上说是由分类法和主题法类集和揭示主题内容的不同方式决定的，同时也涉及《中图法》和《医学主题词表》组配方式上的差异。尽管这些差别是在两种标引方法性质基本一致的基础上产生的，但它们具有各自的特点和规律，不能用单一的方法予以解决。分类法和主题法的结合使用，体现了检索系统发展的潮流，分类标引和主题标引则是实现这一发展潮流的基本手段。在目前情况下，结合分类标引进行主题标引是可行的。它不仅有助于利用分类标引的优势推动我国的主题标引实践，而且可以使人们通过分析比较深入了解两者的关系和规律，逐步建立、完善切合实际的主题标引理论技术体系，为将来的分类主题标引一体化创造条件。

第六节 医学文献信息资源的描述原则与编目工作方式

一、医学文献信息资源描述的原则

（一）客观性原则

坚持客观描述的原则，主要目的在于客观地记录和反映文献信息资源各种特征的原始状况，为读者鉴别和确认文献信息资源提供客观、可靠的依据，避免人为因素给辨别和确认文献信息资源带来不必要的麻烦。

（二）实用性原则

坚持实用性原则就是要一切从读者的需要和使用习惯出发，选择最能满足读者识别和确认文献信息资源的描述项目，提供尽可能多的信息资源特征，选择尽可能多的检索点，尽量满足读者的检索需求。

（三）规范化原则

信息描述是一项要求非常严格的工作。对图书馆的文献编目来说，既要遵守该文献类型的著录规则，又要符合机读目录编目格式的要求，以此达到文献信息描述的标准化和规范化，为文献信息交流创造条件。

（四）制度化原则

文献编目是文献机构的一项长期的基础性工作。为保证文献信息描述工作程序和内容的连贯性和一致性，文献信息描述工作要遵守制度化原则。图书馆须结合各类文献的著录规则、机读目录格式的要求和本馆的工作需要与工作传统，制订严格、完整的文献信息描述工作制度。

二、编目的工作方式

（一）原始编目方式

原始编目是一种自给自足、各自为政的工作方式，是图书馆利用本馆的编目软件，直接根据信息资源的特征所进行的编目。早期的大多数图书馆都是采取这种编目方式。这种编目方式受管理系统功能和编目人员技术水平的影响，形成的书目记录质量通常不是很好，而且原始编目工作效率低。

（二）集中编目方式

集中编目指以国家或地区信息组织中心提供的书目数据为基础，根据本馆的编目原则和制度以及文献实体所进行的编目。集中编目利用了已有的描述成果，节省了文献信息描述的时间和人力，能避免重复劳动，有效提高书目数据的质量和编目工作效率。但是，这种方式容易受到数据传输条件和源数据的影响。如果数据传输不畅通、无法使用源数据，或者信息中心的书目数据资源有限、不能套录到相近或相似记录的时候，图书馆就不得不采取原始编目了。

（三）联机合作编目方式

联机合作编目是以上两种方式的综合利用。图书馆在进行编目时，先要对国家或地区的信息组织中心进行查重。如果查到所需的书目记录，就将数据下载到本馆的书目数据库中，对其进行适当的修改后就可以使用了；如果没有查到，则利用编目软件对文献进行原始编目，并将编目数据上传到信息中心，这样其他成员馆就可以使用这条编目数据了。联机合作编目方式具有交互性，能够实现成员之间的资源共享。美国的OCLC（多学科数据库系统）是最早采用联机编目的机构。我国目前联机合作编目的代表机构有两家：一家是全国图书馆联合编目中心，它是国家图书馆牵头组织的公共图书馆联合编目机构；一家是CALIS联机合作编目中心，它是北京大学图书馆牵头组织的高校图书馆联合编目机构。联机合作编目的这种"一馆提交、多馆共享"的工作方式能够避免大量重复劳动，加快编目速度，提高编目质量和工作效率。因此，越来越多的图书情报机构加入了联机编目中心，参与资源的共建和共享。

第四章 医学图书馆文献信息的检索

本章主要内容是对医学图书馆文献检索及利用现状进行分析，以提高文献检索服务质量、馆藏资源的利用率。通过分析医学图书馆的文献检索特点、文献检索方法、检索知识掌握情况，探讨提高图书馆文献检索服务质量的途径。本章分为医学文献信息检索基本理论、医学文献信息的检索工具以及医学文献信息的检索步骤三部分，主要包括医学文献信息检索基本概念、医学文献信息检索工具的作用以及医学文献信息的检索方法等内容。

第一节 医学文献信息检索基本理论

一、医学文献信息检索基本概念

人们在长期与生、老、病、死做斗争的过程中积累了大量的经验，即医学知识。而医学知识又必须经过将这些知识通过文字、符号等记录在一定的载体上，才能保存下去，传给后人，这就产生了文献。后人也必须在继承前人成果的基础上，才能更好地发展和创新医药卫生事业。随着社会的不断进步，现代科学技术向前高速发展，学科既高度分化，又高度综合。其分化表现在学科越分越细、分支学科越来越多；高度综合表现在其学科之间相互交叉、相互渗透，形成了许多边缘学科，如生物医学已广泛渗透到物理、化学、遗传工程，甚至社会科学中，形成了医学物理学、医学遗传学、卫生经济学、医学心理学等学科。这些特点在文献上表现得非常分散，如专业期刊除刊登本专业内容外，还刊登相关专业的学科内容，因此，人们在获得新知识方面，不能只靠专业期刊，而且文献的数量激增，文献类型也繁多，文献的新陈代谢频繁。随着计算机技术和网络技术的迅猛发展，医学文献数量的激增与快速查找所需的时间越来越长之间的矛盾逐渐激化。因此，掌握查找文献的重要方法就显得非常重要。

广义的医学文献检索指将医学文献按一定的方式储存起来，形成各种"检索系统"（数据库、检索工具等），并根据用户的需求，按照一定的程序，从"检索系统"中找出所需文献的过程。它包括存储与检索两个过程。

狭义的医学文献检索指根据用户的需求从"检索系统"中找出所需文献的过程。它只包含检索过程，不包含存储过程。

从检索对象来看，广义的医学文献检索的检索对象包括书目检索、事实检索和数据检索，即通常所说的信息检索或情报检索；狭义的文献检索的检索对象就是文献。从检索手段来看，医学文献检索又分为手工检索和电子计算机检索。

二、医学文献信息检索语言

无论从哪个角度来讲，要使用户在大量杂乱无章的文献中快速选出自己所需要的文献，信息工作者就必须对文献进行有序化处理，编制检索工具或建立检索系统。由于文献的存储者与检索者不可能直接展开交流，所以文献检索者就不能通过信息的传递来准确且有效地收到来自文献存储者的信息，也就导致他们之间产生了障碍。而要想消除这一障碍、保证文献的顺利交流，有必要确定一个双方都能使用、都需要遵守的一个较为合理的语言规范。医学文献检索语言的确定，是以文献存储与检索的需要，以及自然语言为依据的，是具有规范化特征的人工语言，也就是信息检索语言。

医学文献检索语言与自然语言的根本区别是在处理事物、概念、语言三者的辩证关系上。医学文献检索语言严格遵守一一对应的原则，即对某一（类）特定事物，用某一特定概念、某一特定语言进行表达，而自然语言则不需要遵守此原则，医学文献检索语言的特点在于它能简明和专指地表达文献及检索课题的主题概念，并且能将概念进行系统排列，且能显示出概念间的相互关系，使文献的存储集中化和系统化，便于检索人员快、准、全地检索到所需的文献。

医学文献检索语言根据其表达文献特征来划分，可分为表达文献外表特征的语言，其为自然语言；表达文献内容特征的语言，其为人工语言。

（一）表达文献外表特征的语言

表达文献外表特征的语言，主要包括三个方面：首先，题名语言，其述说起来是根据用文献题名的字顺，逐字排检的一种检索语言；其次，著者语言，其述说起来是根据著者姓名的字顺，进行逐字排检的一种检索语言；最后，号码语言，其述说起来是根据文献代码来进行检索的一种语言类型。例如，按专利号、标准号的顺序进行排检。

（二）表达文献内容特征的语言

1. 分类检索语言

其是用分类号来表达文献主题概念，并按学科性质分门别类地将文献系统组织起来的语言。分类表是文献分类标引和检索的依据。它的主要优点是具有较好的族性检索功能，最大缺点是不能按概念进行检索，不适于多维性的专题概念检索。

2. 主题检索语言

其是用语词来表达文献主题概念的。它不管各语词之间相互关系如何，一律按字顺排列成主题词表，作为词汇规范化、标引及检索文献的工具，故称"主题检索语言"。按选词原则，主题检索语言又分为标题词语言、单元词语言、关键词语言和叙词型语言。

三、医学文献信息检索工具

检索工具指用以累积和查寻文献线索的工具。它具有存储和检索两个基本职能。它一方面，按照一定的格式把文献的特征著录下来，加以标引，构成文献线索，并进行系统排列；另一方面，提供一定的检索手段，使人们按照一定的方法从中检索出所需文献的线索。

医学检索工具是医学科技工作者在科研工作中的重要武器，通过它工作者可以方便、及时地了解世界各国医学及其相关学科的发展概况、水平及有关学科的新技术、新成果、发展趋向及学科交叉渗透情况。

第二节　医学文献信息的检索工具

一、医学文献信息检索工具的概念

文献检索工具就是那些被称为目录、索引或文摘的书刊。它们是累积文献线索、用于报道文献并提供检索途经的工具型期刊或图书。

所谓"文献线索"，是把所收入检索工具中的每一文献著录成"题录"或"文摘"条目，并将它们按一定方式（通常是按学科分类或主题内容）组织排列成一个有序的集合。这个文献线索的集合体是文献检索工具的主体部分。这部分通常可以按其分类或主题内容的排列方式进行检索。通常，就文献检索工具而言，它还编有多种辅助索引，具有代表性的如作者索引、主题索引等，以提供更多的与主题部分不同的检索途径。

关于医学文献信息检索工具的概念，大致是以一定的著录规则为依据，以医学文献信息为中心进行报道、存储和查找的一种工具。这一类检索工具同当前在科技信息检索相关活动中使用的检索系统，有着非常紧密的关系。

从使用背景的角度来看检索工具，它是一个相对传统的概念。检索工具的存储载体一般为纸介质，但是，检索系统这一产生于现代的概念，其存储载体不同于传统检索工具，其存储载体主要有磁介质、光介质。检索工具和检索系统之间的相同之处在于，他们的基本功能基本相同，即医学信息的报道、存储以及检索功能，目前，检索工具和检索系统之间并没有一个严格、绝对的区分，这就造成了二者混用的现状。

总而言之，医学文献信息检索工具和检索系统，述说起来就是具有存储和检索功能的一种医学信息服务设施。

二、医学文献信息检索工具的特点

文献检索工具历史悠久，品种众多，各具特色，各有所长，但它们具有以下共同特点。

第一，其均对所著录文献的线索有一个详细而完整的记录，使检索者能通过文献题目、著者以及出处等线索，找出相关文献。

第二，其都在提供必要的检索手段的同时，配备各种体系的索引，使检索者能通过分类、主题以及著者等索引，对所需文献进行检索。

第三，其以所著录的文献为中心，标引各种检索标识，使检索者能通过分类号、主题词以及文献序号等标识，对所需文献进行检索。

三、医学文献信息检索工具的作用

检索工具具有三大功能，分别是报道、存储和检索：①报道功能。这一功能可以使用户对相关领域最新的信息，有一个及时、全面且准确的了解。②存储功能。这一功能的作用主要是对当前的和过去的信息进行积累，存储功能主要体现于检索工具的具体编制过程中。存储可以说是检索的基础。③检索功能。即提供一套规范的查找办法，来找出存储功能积累的信息。这一功能的作用主要体现在检索工具的利用过程中，相较于存储功能，检索除了是存储的目的之外，还是存储的手段。

关于存储功能和检索功能的关系，二者是相辅相成且相互依存的。在图书情报领域，随着信息技术的发展，检索工具的应用也随之愈来愈广泛，并且其功能也发生了巨大的变化，主要体现在检索工具在原有功能的基础上，发展出许多新功能。

（一）定题服务功能

关于定题服务，也可以将其称为定期定题服务。其概念述说起来是以用户特定需要为依据，并将这种需要贯穿于课题研究的全过程之中而展开的一种文献信息服务。Alerts 按钮是当前网络数据库提供定题服务的入口。用户若想要获得定题服务，就必须以个人身份来进行数据库登录，简单来讲就是登录时使用特定的用户名和密码，在定题服务的设置完成之后，数据库将会发送快讯给指定的邮箱。

（二）文献分析功能

关于文献分析的概念，就是将检索到的某一文献集合，以用户要求为中心，以相关文献的某一特征为出发点，来展开排序。举例来讲就是，在 Web of science 数据库中，围绕着某一课题进行检索，当检索出若干篇文献之后，只要点击 ANALYZE 按钮，就可以展开以文献发表国家和地区、作者，以及文献类型、语种、出版年等为依据的分析。这一分析有助于人们了解到某方面、某课题研究的核心国家、人员以及机构，研究应通过怎样的途径和语种进行发表，同时，还可以了解到该研究的发展趋势以及该研究涉及的领域。

关于引文分析功能的重要作用还有其他内容。在利用 Web of science 数据库时：首先，通过某项研究的引用文献的调出，不仅可以了解到该项研究的背景、基础，而且可以了解到该项研究的理论来源等；其次，调出所有引用过该项记录的文献记录，除了可以获得该项研究的最新进展之外，还可以获得关于该项研究的延伸、应用和改进等诸多信息；最后，调出与该记录存在相同引文的文献，以及相关引文数量的多少的排序的获得，有助于找出存在于不同论文和学科之间的内在联系，这样做，一方面有助于研究的深入，另一方面有助于寻找学术上的合作伙伴。

（三）引文跟踪服务功能

在对某课题的进展进行跟踪时，或者是对别人引用自己发表论文的具体详情进行了解时，经常需要跟踪某篇论文的引用情况。例如，Web of science 数据库通过注册 Create Citation Alert，在完成引文跟踪服务设置后，检索系统就会将包含相关信息的 Email，发送到指定邮箱，从而使检索人获得选定的论文的实际被引用的情况。

（四）个人参考文献管理功能

该功能的作用有以下几点：首先，有助于个人建立起私人数据库；其次，有助于个人对系统进行组织和管理；最后，有助于个人以自己的需求为出发点，展开高级检索或单项检索。

四、医学文献信息检索工具的类型

文献检索工具历史悠久，种类繁多，按处理信息手段可分为手工检索工具和机械检索工具；按收录的范围可分为综合性检索工具、专科性和专题性检索工具；按出版的形式可分为期刊式检索工具、单卷式检索工具、附录式检索工具、卡片式和胶卷式检索工具；按收录文献对象和揭示可分为书目索引和文摘等。

（一）按著录方式划分

1. 目录

目录有书目的意思。目录通常用于报道和揭示出版物的外部特征。它以完整的出版物或收藏单位为著录单位，按分类或字顺编排，是介绍文献概况、提供文献线索的二次文献。著录内容包括书名项、作者项、出版项、附注项、业务注记等。

书目是图书目录的简称，是历史上出现最早并且使用最为普遍的一种检索工具。书目一般以独立完整的一件出版物为著录的基本单位，即以图书的自然出版形式为完整的单位来介绍，并着眼于实，即着意于实有的图书或收藏的图书。由于图书类型的不断发展，书目反映的对象得到相应扩展，书目的含义也扩展到非印刷型文献的目录。书目具有报道功能和检索功能。其具体内容有以下几点。

①它向读者揭示和报道一定历史时期各个领域、各个学科与专业的图书出版情况。它通过图书的收录与报道，揭示情报知识的生产来源情况。

②书目能指导读者阅读图书，被人们称为"读书的门径与益友"。它通过对图书类别名称、编著者版本和收藏情况的著录，为检索者提供多方面的检索途径和线索。

③书目大多按分类方式或主题词方式编排，前者可指导读者阅读某一学科专业的图书，后者可指导读者阅读一课题的图书。特别是其中的推荐书目、参考书目以及导读书目等更具有指导作用。

2. 题录

题录实质上是一种不含文摘正文的文摘款目,特点是按篇报道,着眼于全,揭示和报道文献的外表特征,一般以包括在出版物内的更小著录单元(即篇目)为著录的基本单位。题录是单篇文献外表特征的揭示和报道。其著录对象是出版物中的单篇文献。其著录内容有篇名、著者、出处(文献来源)等。

3. 文摘

文摘是论文、书籍的内容摘要,文摘是以文献的简练摘要为基础,描述文献的外表特征和内容特征的。其著录内容为书名或篇名、著者、出处、内容摘要等。文摘本身附有各种辅助索引,可提供多方面的检索途径。它是原始文献的浓缩,可提供原文的内容梗概,并记录文献的基本书目信息。以下是关于文摘的相关内容。

(1)文摘的特征

①客观性。即指不带任何政治、学术倾向,采取客观态度来如实描述、再现原文内容。

②准确性。即指所摘述的情报是准确可靠的,既不改变重点,也不添加外来主题,体现原作的观点,使文摘与被摘文献具有统一性。

③完整性。即指摘述原文主要内容尽可能完备,无需复查原文就可以了解文献情况。

④新颖性。指文摘摘述的重点是原文中具有创造性的内容,可使文摘成为对原文所含情报进行处理后具有独特形式和语言风格的新文献。

(2)文摘的功能作用

①主要有报道情报、检索文献和导读原作的功能。它通过对重要新信息的筛选,向检索者提供他们所需的浓缩新情报,有助于使研究工作者获得新知识,有助于研究工作者了解学术研究发展的新形势。

②为检索者查检原作提供线索。从文摘描述文献的外部特征的角度出发,一般情况是在正文中或之后,通过附注关于原作者的姓名、题目等相关内容信息,来支持检索者获取所需信息。

③文摘用简洁易懂的报道性文体浓缩原文,节省了检索者阅读的时间。通过文摘,检索者能用较短的时间获得较多的情报源,并为阅读原作打下基础。

(3)文摘的分类

第一,以文摘的编写人为划分依据,可划分为著者文摘和非著者文摘;第二,以报道的信息量为划分依据,可分为四种类型,即报道性文摘、指示性文摘、结构式文摘和选择性文摘。

4. 索引

（1）索引的概念

索引是一种附属性的检索工具，是将图书、期刊等文献中所刊载的论文题目、作者及所讨论的主题、人名、术语、分子式等，按照一定的顺序进行排列，以作为获取文献和检索工具所包含的情报内容的检索手段。索引广泛存在于各种书刊、文献以及各种检索工具中。

在手工检索工具中，就索引而言，其通常附于正文之后，是一种检索工具的辅助检索手段。索引极大地丰富了检索工具的检索途径。关于检索系统中索引的构成元素，其中，任一特征元素说起来都是一个检索字段。检索字段之间可以通过各种检索技术进行组合，最终形成复杂表达式检索。由此可知索引的功能：除揭示事物及事物间的联系之外，还提供多种检索途径，同时，索引还能检索特定文献或事实。

索引所报道的是每部文献内部的知识单元，如期刊中的一篇论文、工具书中的一个词条、图书中的一个章节或文献中的一个主题等，并准确地揭示出它们在文献中的位置。这是它与目录的不同之处，在一般情况下，目录是以一个单位出版物为著录对象的，它所描述的是一部文献的基本特征。因此，索引在文献内容的揭示程度上比目录要深，它所提供的检索途径也比较详尽、完善和系统。

（2）索引的分类

而关于索引的类型：第一，以索引所揭示的对象为划分依据，可分为报纸索引、会议录索引以及期刊索引等；第二，以索引所蕴含的信息特征为划分依据，可分为主题索引、关键词索引以及分类索引等。

（3）索引的作用

索引除了具有深入揭示信息的内容要点的作用之外，还具有帮助检索者节省阅读时间、克服语言障碍以及了解相关文献的最新动态信息的作用。由于索引所揭示的信息内容较为深刻，因此，它的报道速度会慢一些。

索引在报道和检索文献中，具有与书目相同的功用，并能够进一步细致地揭示文献的各项内容，具有便于查检、揭示文献比较全面和准确等优点。在许多方面可给检索者提供某种系统的指引，被称为查检文献资料的向导和指路者。

（4）索引的基本要素

索引应该具备四个基本要素。其一，明确规定一定的文献资料为索取范围；

其二，规定特定的款目为索取对象；其三，所有款目按一定的排检法编排；其四，所有款目后面均须详注出处。

5. 全文检索工具

关于全文检索工具，其主要描述的是信息的内外部特征，这一工具揭示的是信息的原始内容。通常全文检索工具是一种计算机检索系统，并且还可称为全文数据库。这种检索工具具有代表性的平台是中国期刊全文数据库。

（二）按出版形式划分

1. 书本式

书本式，以期刊的形式连续出版，如《医学索引》以及《中文科技资料目录》等期刊的出版，要以一定的学科专题为中心，对多年的有关文献进行收集和积累，并独立出版具有较强的专业性和系统性的期刊，如《糖尿病文献索引》。

2. 机读式

关于机读式检索工具，其概念指计算机检索通过计算机输入输出的手段，来建立数据库，如 CBMdisc（中国生物医学文献数据库）等。

（三）按检索手段划分

1. 手工检索工具

关于手工检索工具，可分为两类。

①卡片式检索工具。其指将信息款目著录在卡片上，并将这些卡片以分类、著者等为依据，对信息进行编排的一种检索工具。其中，具有代表性的有期刊卡片目录以及图书卡片目录等。

②书刊式检索工具。这一检索工具包括检索工具书刊、附在期刊后面的检索栏目以及附在图书后面的检索栏目等。

2. 缩微式检索工具

该检索工具指通过缩微照相技术，将相关信息款目著录在缩微胶片之上，进而形成的一种检索工具。缩微式检索工具除了具有体积小、出版速度快的特点之外，还具有便于保存等特点。

3. 计算机化检索工具

该检索工具指将信息款目，以一定的代码和格式记录在特定载体之上，进而组成数据库的一种检索工具。第一，记录的载体有磁盘、光盘等；第二，这种检索工具主要是利用计算机来查找和阅读的；第三，就计算机化检索系统的发展历史而言，其经历的阶段主要有脱机系统、联机系统、光盘系统和网络系统等。

4. 网络检索工具

计算机和信息技术的发展，促进了各种网络检索工具的产生。第一，就当前的网络检索工具而言，其主要包括了三种类型：一，独立搜索引擎；二，检索代理系统；三，元搜索引擎，也可将其称为集成搜索引擎。第二，网络检索工具的存在形式主要以网站形式存在，关于网络信息资源的组织，主要包括的检索方式有关键词导航、主题导航等。第三，网络检索工具同传统图书馆目录一样，都是使用者在进行信息检索时，所使用的一种查询工具。

（四）按收编类型、范围划分

第一，综合性检索工具。其内容不是局限于某一学科领域，而是非常广泛的，不仅涉及多领域，而且涉及多学科，具有代表性的综合性检索工具有《内科学文献索引》。

第二，专题性检索工具。其内容相较于综合性检索工具要更为集中，也更加具有专指性，而不是仅限于某一特定课题的，具有代表性的专题性检索工具有《冠心病文献索引》。

五、医学文献信息检索工具的结构

医学文献信息检索工具包括的种类很多，尽管众多检索工具的结构不完全相同，但是，都具有以下几个方面的内容。

（一）说明

"说明"是检索工具编制者提供给相关使用者阅读的指导性文字，通常情况下包括的内容涉及检索工具的方方面面，包括收载范围、内容特色、使用要点和检索指导等。

（二）正文

"正文"不仅集合了文献的外表特征，而且集合了文献的内容特征。"正文"主要包括目录题录、文摘以及全文等。

（三）索引

"索引"指通过不同检索标识，对存储在正文中的文献线索进行指引的检索工具。"索引"可以说是检索工具检索功能的标识，而检索标识主要包括的内容有标题、关键词、叙词以及刊名和专利号等。

（四）附录

"附录"记录了相关刊物和信息资源的详细信息，包括各种名称的缩写、文字的翻译、文献的收录单位及代号等。

（五）目次

"目次"指正文部分文献的分类款目，这一结构也指正文部分文献的主题词表。在以《中文科技资料目录》为代表的手工检索工具中，任何分类目次的条目都包含的内容有分类号、所在页码组成以及类目名。

第一，在分类目次中，主要依据中图法来进行学科分类。

第二，若是一篇文献涉及的主题，处在两个及以上的状况中，那么在进行分类时，主要以其中的主要内容为依据，并做参见。

六、医学文献信息检索的中文常用工具

（一）《国外医学》

《国外医学》是由国内一些高等医药院校、科研、医学情报等单位编辑出版的系列情报刊物。其采用综述、译文、文摘三种形式，全面介绍国外医学的新成果、新技术、新进展等信息。目前，出版刊物有 47 个分册，各分册每年末期有年度主题索引和分类索引。其综述据国外近 5 年发表的文献编写，文献、译文则报道近 1 年的国外医学信息。该刊门类齐全、内容新颖，在国内推广没有语言障碍，为广大医药卫生科技人员所广泛使用，其综述部分被《中文科技资料目录·医药卫生》收录。

《国外医学》各分册的编排结构基本相同，每期由目录、正文组成。检索方法首先是根据不同学科选定分册，然后根据目录（目次）所标注的页码查找文献。可利用期分类目录或年度分类目录进行检索。多数分册在年度末期编有年度主题索引，根据检索课题选择主题词和副主题词可进行年度检索。

（二）《中国医学文摘》

《中国医学文摘》是报道国内医学文献信息的文摘型系列检索刊物。现有 18 个分册，其创刊年份、编辑出版单位各不相同，但各分册的编排结构、著录格式都基本一致。原文来源于国内医药卫生期刊学报和研究机构刊物上的科研论文。报道内容注重学术性、新颖性，能反映各不同学科当前的国内水平，是医院图书馆常用的检索工具之一。

检索途径包括分类途径、主题途径和著者途径。分类途径、主题途径检索与《中文科技资料目录·医药卫生》相同。若已知著者姓名，可利用编有年度著者索引的分册，根据汉语拼音字顺查得该著者的姓名及其文摘号，按文摘号顺序查得文摘正文。

（三）《中文科技资料目录·医药卫生》

1. 概述

《中文科技资料目录·医药卫生》（以下简称"《中目·医》"），由中国医学科学院医学信息研究所编辑出版并发行，创刊于1963年4月。1978年被纳入我国科技检索刊物体系中，是我国目前比较全面报道国内医学文献信息的检索工具，收编我国国内医学及相关的期刊、汇编、学术会议资料等600余种，年报道文献题录约5万条，时差约为10个月，是国内医学图书馆最常用的题录型中文医学文献手工检索工具。

2. 结构编排

《中目·医》正文按分类编排，辅有主题索引，每年除第1期附有国内期刊入藏单位代号表和本刊收编期刊一览表及第12期末附有年度累积主题索引外，其他各期的结构编排如下：

①编辑说明。主要介绍该刊的性质、收录范围、编辑体例、附录情况、著录规则、分类方法和主题索引有关说明等，是使用《中目·医》的指南。

②分类目次。这是从科学分类途径检索正文的指南，列于每期正文之前，按《中国图书资料分类法》R大类（医药卫生）进行学科分类，各级类目都由类号和类名构成，后附该类目及其标引的文献在正文的页码。

③学科分类（正文）。这是依分类目次的类目次序编排的题录部分，是该类检索工具的主体部分。

④学科分类索引。按类目名称的汉语拼音字顺排列，每一类目名称后都对应列出其分类号。利用该索引可迅速准确地查得某一学科的分类号。

⑤主题索引。这是检索正文的另一重要的途径，排在正文之后，按主题词的汉语拼音字顺编排。主题索引之前附有"主题索引首字字顺表"，以帮助检索者迅速找出某一主题词在主题索引中的页码。

⑥附表。即"本期引用期刊一览表""本期引用汇编一览表""本期收录学术会议论文一览表"，以提示本期所收录文献的来源。表中的刊名、汇编名、会议名，均按拼音字顺排列。

⑦年度主题累积索引。它将同一主题的全年题录号，集中在一起，以便使用者回溯检索。

3. 检索途径

（1）分类途径

根据检索课题的学科属性，在分类目次表中找到相应的类目及类名，按其标注的页码在正文中找到切题题录，带着查得题录所标明的文献出处去找原始文献。采用分类途径检索文献应注意以下几方面。

①如不熟悉检索课题的学科类属关系，可从《中目·医》的"学科分类类名索引"中查得该学科的分类号，再从分类目次表中按其分类顺序及正文页码进行检索。

②文献如不止一个主题时，则按文献的主要内容进行分类。为了防止漏检，应结合上位类、下位类进行检索。如仍查不到切题文献时则采用主题词及其作为二级标题的副主题词进行检索。

③中医学文献在 R2 类的检索应是纯中医学名词术语的文献，否则须在 R 大类其他类属中检索。中药学为 R9。

④注意交替类目、参见类目的使用。如生物化学，按其学科属性为 Q5；生物物理学为 Q6，此时应按 R34、R35 交替类目检索。但在分类法（表）中无交替类目者则只能在各学科类属中检索。

（2）主题途径

主题途径是在主题索引中查得该主题词及相关的副主题词，按该主题词后的题录号在正文中找到所需文献题录，然后通过所获得的线索查阅原始文献。

《中目·医》的主题词，采用美国《医学索引》（IM）的医学主题词注释字顺表（MESHAAL）进行标引；我国医学文献采用《中国中医药学主题词表》进行标引，检索时应使用这两个表的主题词进行检索。在每期后面的期主题索引用按中文汉语拼音字顺排列每一主题词或副主题词后列有题录号，据此在正文中查得所需文献题录。

七、医学文献信息检索的外文常用工具

（一）美国《医学索引》

美国《医学索引》（Index Medicus，以下简称"IM"）是由美国国立医学图书馆（National Library of Medicine，以下简称"NLM"）编辑出版的题录型医学文献检索工具，收录世界上 70 多个国家和地区出版的生物医学期刊 3500

余种，年报道文献量约40万篇。月刊，全年12期为1卷。

IM的主要特点是报道速度快、时差短（仅为1～3个月）；收录期刊质量高；系统功能全面，检索简便；有一套规范化的附表辅助检索，为世界范围内权威性高、使用最广泛的检索工具。

1. 编排结构

首先，全年12期，每期分part1、part2同时出版。其次，每年第一期以增补本另出主题词表与《索引期刊一览表》单独各出版1册。最后，正文分三个部分，即主题部分、著者部分和医学文献综述、题录部分。主题部分按主题词字顺编排题录；著者部分按著者姓名字顺编排题录；医学综述部分按主题词字顺排列，主题词下直接排列文献题录，并从主题部分抽出相关文献题录进行重复报道。用该检索工具查找综述文献最为简便。

2. 检索方法

（1）主题途径

通过主题途径检索文献，要根据检索内容选择能够表达文献内容主题概念的主题词或允许组配的副主题词，即可查得符合需要的文献题录。

选择主题词应注意正确使用主题词表和副主题词可组配的范围，同时要注意IM主题词有倒置的特点。也可利用树状结构表的指引选择主题词。此外，如果是查"综述、进展类文献"，应在"医学综述题录"部分查。

（2）著者途径

要检索某一作者发表的文章，按照作者的姓名（姓在前，名在后，名首字母大小写）的字顺即可，在该著者名下的文摘号中查出其文摘题录。

（二）荷兰《医学文摘》

1. 概述

荷兰《医学文摘》（Excerpta Medica，以下简称"EM"）是由荷兰医学文摘基金会编辑出版的英文文摘型检索工具。EM收录了全世界110多个国家和地区的生物医学、药学及相关学科的期刊4000种，年报道文摘量40余万篇，文摘由该基金会聘请的国际上有关专家撰写。现出版42个分册。各分册根据文献量的多少，每年出版1～4卷不等，每卷有6、8、10、12期不等，多为每卷10期。

EM以涉及学科面广、文摘量大、质量高和权威性强著称于世，是医院常用的检索工具之一。

2. 编排结构

EM 各分册的编排结构：首先，分类目次。EM 的内容按学科分类排列在各分册每期正文之前刊载各自的分类表，并按学科分类，由分类号、类目名称和所在页码三部分组成，具有目次与索引双重作用。其次，文摘正文。文摘以卷为单位连续编页码，正文按分类目次编排。最后，累积索引。EM 每卷最后一期，除有含卷分类索引外，还附有累积主题索引、累积著者索引。主题索引由主题词、说明语、所在页码三部分组成，按主题词字顺排列；著者累积索引与期著者索引相同。姓在前，用全称；名在后，用首字母（大写），按姓名字顺排列。

3. 检索途径

EM 的检索途径有分类途径、主题途径、著者途径。其中，主题途径、著者途径的主要内容如下：

①主题途径。在主题索引中按字顺找到相应的主题词，参考说明语内容，选定主题词后的文摘号即可在正文中按文摘号找到所需文摘。

②著者途径。按著者索引找到该著者的姓名，然后据著者姓名后的文摘号，即可在正文中找到所需要文摘。

八、医学文献信息检索工具的质量评估

正确评价检索工具的质量，对于合理选用检索工具具有重要的意义。既然检索工具是用于报道、存储和检索文献的，那就要求它报道和存贮的文献广泛全面，检索功能强，使用方便，报道速度快。其可以从下列几个方面考虑。

（一）关于时差和更新周期

"时差"指一次文献出版时间与其在检索工具中得到报道之间的时差，报道时差小，意味着检索工具报道速度快。通常题录式检索工具因编制较简单，而比文摘式检索工具的时差短些；出版周期较短的，如周刊、半月刊检索工具中的文献时差较短。

（二）关于摘录文献的详略程度

文献特征包括外表特征和内容特征。文献特征著录的质量包括著录的详略、著录的标准化、标引质量、标引深度。文摘无疑比题录更受欢迎。题录也会详略不同。较详的题录包括作者及合作者姓名、联系作者的单位或地址。

（三）关于索引系统和检索途径

优质而又完备的索引，是实现检索工具的检索功能，查准、查全文献的必要条件。较好的检索系统编有多种辅助索引。例如，美国《化学文摘》（Chemical Abstracts，简称"CA"）有作者索引、关键词索引、普通主题索引、化学物质索引、分子式索引以及专利索引等多种检索途径、同时其设置每期索引（一周），每卷（半年）索引，五年、十年累积索引，以满足最近文献检索和回溯检索的不同需求。

（四）关于收摘文献的覆盖面和质量保障

选择收摘文献广泛全面的检索工具可以在某种程度上避免漏检重要文献或者不必选用太多种。例如，《中目•医》医学文献检索系统是收摘文献范围和数量相对比较广泛的综合性检索工具。但是，"广泛全面"不可能是绝对的。各种检索工具在一定学科、一定国家范围内，各种文献语种或文献类型确定了其覆盖面，因而使之形成各自特色，适用于不同的检索需求。同时，还应当了解其在该学科范围内是否广泛全面。覆盖面主要体现在收录出版物的种数方面，同时也体现在摘录文献的总数上。值得注意的是，许多检索工具对所收出版物中的文献并不是全部收摘，而是对不同的出版物有不同的收摘原则，例如，EM对许多期刊只收摘其中与药物有关的文章。

一些检索工具会对收录范围内的出版物进行严格的评价和选择，每年会有动态性增删，并尽可能地网罗高质量文献而将低水平文献排除在外，在这种机制下，出版的检索工具，如IM和MEDLINE（医学文献库）享有较高的声誉，是检索工具的物质基础。

第三节 医学文献信息的检索步骤

一、医学文献信息的检索原理

文献检索的基本原理是将大量无序的原始文献，进行收集、分析、筛选，并根据文献的特征，用规范化的检索引词（或文献分类系统）予以标识和排列，使无序化的文献有序化，再将符合检索提问的检索标识集中排列，从而满足不同的检索需求，形成文献检索工具的过程。文献检索包括储存和查找两个过程。

（一）储存即文献的储存过程

专业工作者按照一定的取舍标准，将大量无序的原始文献进行收集、整理（包括购买、邮购、赠送等），对符合标准的文献，如一本图书或一篇论文，选择若干个代表文献外表特征和内容特征的标识进行标引、著录以及编写文摘等工作，并按一定的原则重新组织，使散乱无序的原始文献有序化，为查找文献提供各种便利途径。如果是计算机检索，则文献储存过程就是数据库建立的过程。

（二）查找即文献线索的检索过程

其为根据使用者对文献的需求，提出一个个要求解决的问题，然后将这些需求与专业工作者储存在检索工具中的文献特征标识进行比较，相一致的或比较一致的符合检索提问要求的文献线索，从检索工具中提取出来，满足检索要求的过程。

二、医学文献信息的检索方法

要想全面、准确和快速地检索到所需文献资料，就必须掌握一定的方法。文献检索方法对检索工具具有依赖性，检索系统的优劣、检索工具的齐备与否对检索结果有很大的影响。因此，在检索过程中，检索者要根据各种实际情况，灵活运用各种检索方法，最大限度地满足检索的要求。检索医学文献一般要从掌握现有线索入手，由近及远，以节省时间，迅速找到所需文献。检索方法有以下三种：

（一）常用法

这是检索人员利用各种检索工具查找文献线索的常用方法。常用法又分为顺查法、倒查法和抽查法。顺查法是根据分析课题得出的起始年代，由远及近地逐年查找，适用于主题内容复杂、范围广、研究时间较长的课题；倒查法利用选定的检索工具，由近及远地逐年查找，获得与研究课题相关的足够文献即可停检，此法节省时间，获得线索较快，适用于新兴研究课题；抽查法根据检索年代范围的大约分析，掌握该学科的发展特点，确定有效的检索年代，以便迅速找到较多文献。

（二）追溯法

利用有关文献后所附参考文献的目录，顺藤摸瓜，追踪查找，在时间紧迫或缺乏检索工具时用此法，但一般不易检索齐全。

(三)循环法

循环法是当检索工具不全时交替使用检索工具或文献后所附索引的检索方法。其是将常用法和追溯法交替使用的方法,一般是先利用检索工具查到一批原始文献,然后利用原始文献所附参考文献目录,用追溯法继续查找,扩大检索范围,进而获得相关文献,达到检索目的。或先用追溯法查到一批相关文献,再用检索工具,利用相关文献的有关线索,分别从分类、主题、著者等方面扩大检索范围,这样循环交替,直至完成检索任务,此种方法灵活多样,检索效率高,文献获取量大,能满足较为复杂的检索要求。

在检索过程中,根据具体的检索要求和检索条件,选择正确的检索方法,无疑会明显提高检索效率。

三、医学文献信息的检索途径

文献检索途径就是检索工具的实施渠道,检索文献就是根据一些给定的特征标识从文献集合体中选取文献。检索途径的运用和文献的特征是密切相关的。文献检索就是从文献的外部特征、内容特征等入手,将文献线索从检索工具中全面、快速、准确地查找出来,从而满足检索者的检索需求的过程。

医学文献具有内容和外表两个特征。检索工具就是按照文献的内容和外表特征进行标引和编排的。因此检索途径也是根据这两个特征进行划分的,主要内容如下:

(一)内容特征途径

1. 分类途径

利用"分类目录"或"分类索引",按课题内容所属学科进行检索,关键在于掌握分类表,从分类表中找出所需类目的分类号,根据类号类目进行检索。按照文献内容的类目归属进行检索的途径,即按照文献内容从属于哪一门类、在学科分类体系中的具体位置进行文献检索的途径。其检索标识是分类法事先给定的分类号。分类号由符号和数字组成。

2. 主题途径

利用"主题目录"或"主题索引",按主题内容从主题词表中查出所需主题词,根据主题词形成检索提问标识与文献特征标引标识,将两者进行比较,检索出与标识相符的文献。其是从文献资料中抽出代表内容实质的主题词,按其号顺序排列起来,从主题角度进行查找的途径。检索标识是代表文献实质内容的标题词、关键词、单元词或叙词等。这四种主题词提供了类似的主题检索的途径。

3. 其他途径

如化学分子式索引、生物学的属类索引、植物药物名索引和地名索引等号码检索途径，都是根据不同学科性质、特点的需要而编制的辅助索引。利用号码检索途径可以弥补其他检索途径的不足，使用时应借助代码词典等工具书，明确有关序号和代码的确切含义和使用规则。

（二）外表特征途径

1. 题名（书、刊名等）途径

其是利用"题名"目录或索引，根据已知题名的首字母顺序查找文献的一种方法。该途径是以书名、刊名或文章的篇名等为检索文献的途径。常用的检索工具书有各种书名、刊名目录，各种篇名索引等。它们一般把文献名称按照字顺排列成一个检索体系。

2. 著者途径

其是利用"著者"目录或索引，根据已知著者（包括团体者）的姓名（或名称）按字顺检索查找文献的一种方法。以著者、编者、译者、学术团体、机构名称、合同户、专利权人等为检索词来检索文献的途径称著者途径。其一般包括图书馆目录体系中的著者目录，各种检索工具中的著者索引、学术团体索引、机构名称索引等，按著者名称字顺笔画排序，编排方式与题名目录基本相同。

3. 号码途径

号码途径是根据已知文献本身的专用号码（如专利号、标准号、科技报告号、合同号等）查找文献资料的途径。其主要利用"号码索引"工具进行检索。该途径以文献的各种编号或序号为标识，按号码的大小顺序编排，以作为文献检索的途径，如专利号、报告号、标准刊号以及国际标准书号等，检索工具将其编成序号索引。

4. 其他途径

检索者在医学图书馆中进行文献的查找时，可利用分子式、地名、药物名称、动植物名称和引文索引等多方面的专门途径。这些专门索引是一种特用检索工具，主要用于某些自然科学以及技术科学专业的文献信息检索，这种途径是一种辅助性检索途径，并且具有较强的专指性。

第一，手工检索，就其检索途径而言，是比较单一的，通常有关键词索引、学科分类索引、类目索引等。这一类索引在检索时，不仅需要交叉检索，而且需要相互补遗和渗透。此外，有些时候还要对多种检索工具进行联合使用。

第二，计算机检索。该类检索方式有众多的检索入口，其检索的角度除了有篇名、著者、刊号之外，还有类目名称和主题词等。同时，在进行检索时，还可通过逻辑运算符构造检索提问的方式。关于检索过程中需要遵循的原则，即"以主题词检索为主，多种检索方法综合应用"。

四、医学文献信息的检索步骤

在通常情况下，检索者检索的目的和检索的习惯不同，其检索的方法、途径也会有差异，但检索的基本步骤却是相同的。正确的检索步骤是取得最佳检索效果的保证。利用检索工具进行文献检索，一般可采用以下几个步骤：

（一）分析研究课题

分析课题的目的是明确检索目的、确定检索范围和掌握检索线索。首先，研究所需文献的内容、性质和特点，并在此基础上形成检索的主题概念，明确课题主要解决什么问题、要找什么性质和内容的文献。其次，根据检索目的，确定检索范围。最后，在认真分析已知情报和文献的基础上扩大检索线索，并为合理制订检索方案做准备。分析研究课题必须明确这样几方面的问题。

①确定检索目的，要解决什么具体问题。明确文献检索目的究竟是获得教学参考资料还是开阔眼界，或是一般浏览，这是制订检索策略的前提。

②确定学科范围或论述的主题，明确检索对象涉及的学科领域和专业范围。据此，可确定检索范围和具体检索工具。

③确定检索资料的类型。根据检索目的，确定检索对象是图书还是期刊、电子文档，是全文还是文稿，是事实还是数据，是药名还是化学分子式等。

④确定时间范围。根据检索对象的学科发展特点，确认学科发展的高峰、低谷阶段，并据此选定时间范围。

⑤判定检索对象的要求。检索内容是否有新、准、全等要求：若要了解检索对象的现状及发展动态，则要求"新"；若要检索某个具体问题，则要求"准"；若撰写综述、述评或编教材、专著，则要求"全"。除此之外，还有语种范围。

（二）选择检索工具

根据课题分析所确定的学科范围和文献类型范围，选择合适的检索工具，掌握所选检索工具的内容和使用方法。尽量选择存储文献全、报道时间快、使用方便的检索工具。选择检索工具，并确定它们的主次顺序。各种检索工具或检索系统都是为一定的目的而编制或建立的，目标文献的类型不同，选择的检索工具就不尽相同。检索工具种类繁多，各具特色，只有选择恰当的检索工具，才能达到"全面、快速、准确"的检索目的。在选择检索工具时须注意以下几点：

①根据检索目的选择检索工具，如欲查找有关名词术语，则一般用工具书即可解决。

②根据专业特点选择检索工具，医学文献检索所需的文献资料一般要从医学专业检索工具中查找。

③根据实际情况选择检索工具，可以从本单位或就近图书馆的实际情况出发选择检索工具，以获取原始文献。各高等医学专科院校、各大医院都藏有大量医学专业资料，检索者可就近解决。除此之外，在选定的多种检索工具中，应分清主次前后顺序，以一两种权威性检索工具书为主，其余为辅。对于综合性、专门性、专科性检索工具，应按"先专门、后综合"的顺序进行检索，对于中、外文检索工具，一般以先中文后外文为序（除非目标文献有特殊要求）。

（三）确定检索途径

若是在已掌握某种特征和线索的状况下，可利用相应的索引；若是在什么线索也不知道的状况下，可以以课题的主题概念为依据，来展开分类途径的选择，这样一来，就可根据检索来获得具有较广范围的文献资料；若是在课题的专指性较强的状况下，可以通过主题途径的选择，来获取一个较好的特性检索效果。

关于检索途径的确定，除了要考虑检索途径的具体情况之外，还要综合考虑现有检索工具的实际情况。然后，再选择检索标识。

在确定检索工具之后，应进一步确定从什么途径入手检索文献。在对文献进行检索时，要以文献具有的特征为依据，不仅可以从文献外部特征出发，而且可以从文献内部特征出发。一方面，外部特征主要包括文献的题名、著者姓名、文献序号等；另一方面，内部特征包括学科分类、主题内容以及结构符号等。

不同检索途径具有的特点和优势是不相同的，同时，这些检索途径也各有缺陷，检索者在实际应用中应该灵活运用不同的检索途径，尽可能将所需文献查准、查全。

（四）选择检索方法

当有检索工具时，可采用常用法或循环法；当没有检索工具时，只能用追溯法，但此法只适用于利用文献末尾所附的参考文献。由追溯法而得的文献有助于对论文的主题背景和立论依据等内容有更深的理解，但此法检索范围有限，且追溯年代愈远，离题也愈远。在选择检索方法方面，不同的检索方法各有长处与短处，检索者应根据具体的检索要求和检索条件决定如何采用，这将直接影响检索效果。

在工具书齐备的情况下，应选择常用法。在没有工具书的情况下，宜用追溯法。在工具书不齐全的情况下，则应选择循环法。如果检索的课题要求比较高，或者对查全率要求较高，那么可考虑顺查法。当需要了解新理论、新方法和新数据时，应当采用倒查法。如果检索的内容既要求全面，又要求准确，那么可用循环法。当对本专业的发展及演变历史十分了解时，知道何时是该专业的发展高峰期或起始时间，那么可以采用抽查法。

（五）查找文献线索

若要进行文献线索的查找，就要对检索工具的结构进行了解。

首先，当使用分类法进行文献线索的查找时，一方面要对分类表、目次表以及范畴表进行查阅；另一方面需要以确定的类目、类号查阅题录为依据进行检索。

其次，当使用主题法进行文献线索的查找时，第一步要确定主题词；第二步要对主题索引有关主题词下的相关条目进行查阅；第三步要记下条目顺序号（文摘号），据此查阅文摘正文或原文；第四步要以文献线索为中心，准确记下文献的著录项目，包括文献篇名、著者姓名，并据此检索原文。

在正式查找文献之前，经常需要进行一下试验性查找，以验证检索策略的正确与否，必要时应对检索策略加以修改。若检索策略正确，那么就应进入使用检索工具书检索文献的阶段了。用适当的检索工具和方法，可以查到有关文献的线索，在查找文献的过程中，勿忘充分利用目标文献的其他特征去使用辅助索引、累积索引。还应查阅一下最新出版的专业核心期刊，作为正式检索的补充，以免遗漏检索工具书未及收录的最新文献。对符合要求的文献，进行仔细的选择，逐项记录文献的名称、著者姓名、著者单位、期刊名称、出版单位、出版时间、卷、期以及页等，以便根据其线索获取原文。

（六）获取原始文献

关于文献检索的目的，其是通过线索索取原文，这决定了获取原文的关键之处在于对文献检索系统的熟悉，以及对国内收藏情况的了解。不管是怎样规模的图书馆，其内部藏书都无法做到完全满足读者的需求，因此，只有通过各种检索工具，检索出国内各种出版书籍的收藏单位，并通过复制或馆际互借等手段，才可获取所需原文。

获取原始文献是文献检索的最终目的，也是整个检索过程的最后一步。首先，对检索结果做进一步筛选淘汰，哪些是伪目标文献，圈定最有参考价值的文献，优先选择原文。原文献的文种也是决定其去留的重要标准之一。筛选主要依据参考文摘的内容进行。对于仅从题目上不好确认、又没有文摘可供参考的文献不要轻率淘汰，整理时可暂列后面以备用。其次，有的检索工具使用缩略语以减少篇幅，此时，还需根据缩略语词典或检索工具后所附的文献来源索引，查出缩略语全称，以便准确地获取原始文献。

五、医学文献信息的检索评价

（一）检索评价中的效果评价

文献检索是一种不确定的检索，检索者检出的文献，有的符合需要，有的不符合需要，甚至还有些需要的文献未被检出。为测定文献检出的程度，情报界制订了文献检索标准——文献检索效率。人们通常用查全率、查准率、漏检率和误检率四个技术指标对文献检索效率进行定量评价。这些指标是20世纪50年代中期由美国学者佩里和肖特两人首先提出的，现已成为评估文献检索效率最常用和最重要的指标。

（二）检索评价中的常用技术指标

1. 查全率

此为评价情报系统的检索效果的指标之一，即通过检索系统查出的与需要相关的文献数，与检索系统文献库中实有相关文献量的比率，可用下式表示：

$$查全率 = \frac{检出相关文献数量}{文献库中相关文献总数} \times 100\%$$

2. 查准率

此为评价情报系统的检索效果指标之一，即通过检索系统查出的与某一需要相关的文献量，与检出文献总量的比率，可用下式表示：

$$查准率 = \frac{检出相关文献数量}{检出文献总数} \times 100\%$$

3. 漏检率

此为衡量情报检索的一种定量特征。检索工具中已存贮的有关某一课题的文献而未检出的文献数量与有关该课题的文献总数之比，可用下式表示：

$$漏检率 = \frac{未检出相关文献数量}{文献库中相关文献总数} \times 100\%$$

4. 误检率

此为衡量情报检索效果的一种定量特征。指检索出的不切题的文献的数量与检索的所有文献之此，可用下式表示：

$$误检率 = \frac{检出的不切题文献数}{检出文献总数} \times 100\%$$

总之，在文献检索过程中，运用以上四种技术指标，就可以评价出文献检索效果。

第五章 医学图书馆的现代化管理

医学图书馆是医院的重要组成部分，提升管理水平对于医学图书馆的发展和运行非常重要。实现医学图书馆的现代化管理不仅是医院现代化的必然要求，而且是医学图书馆实现可持续发展的必经之路。本章主要分为医学图书馆的现代化管理——标准化管理、规章制度化管理、目标管理和知识管理四部分。主要内容包括标准化的含义与意义、标准化的性质与内容、规章制度概述、医学图书馆的规章制度、医学图书馆目标管理的含义、知识管理概述等方面。

第一节 医学图书馆的现代化管理——标准化管理

一、标准化的含义与意义

（一）标准化的含义

图书馆工作标准化主要指对图书馆的设备管理、技术方法、事业发展和业务工作等实行统一的规范和原则。在现代化生产中，标准化是科学管理的重要组成部分，也是一项十分重要的基础性工作。图书馆标准化是实现图书馆现代化和科学管理的必要条件之一，因此为了更好地促进图书馆业务管理的自动化，必须重视并实行图书馆工作的标准化。

图书馆工作的标准化能够有效确保图书馆工作的高效率和高质量，是图书馆现代化的基础。其不仅有利于实现和增强图书馆的社会效能，而且能切实提高图书馆的管理水平。

（二）标准化的意义

多年来，同其他各类型图书馆一样，医学图书馆的管理在很大程度上靠"经验"，由此造成了资源的浪费、随意性较大、缺乏可依据的标准、馆与馆间不能实现资源共享等问题。近年来，以美国为首的发达国家，已日益加强对信息的标准化建设工作，把"网络标准"作为国家信息基础设施的内容之一。医学图书馆是服务性机构，提供服务的系统功能和工作人员决定着其服务的质量，服务的效率则会随着整个服务系统的标准提高或下降。除此之外，图书馆工作标准化能够有效消除信息工作的无序状态，并且最大限度地减少重复加工现象，有利于促进信息的共享和交流。因此，医学图书馆行业的主管部门必须合众人之力，节约有限的人力、财力和物力，加紧制订相关的标准和规范，实现互通，从而推动医学图书馆事业的发展。

1. 标准化是知识经济时代医学图书馆的基础工作

①标准化实现了资源的最佳利用。在知识经济时代，医学图书馆资源建设的多少决定了其价值的大小。一般情况下，传统的建立数据库、扩大馆藏的方式容易增加图书馆员的工作量，且不利于馆藏的扩大。因此图书馆相关部门应充分利用已经标准化的数据库与其他数据库实现共享共建，从而达到节约成本，有效地、优化地利用资源的目的。

②标准化是知识经济的重要工具。近年来，我国已经进入了知识经济时代，生产目的已经逐渐向知识的市场转化。因此，无论是什么产品，都要按照一定的标准生产才能进入市场。

③标准化提高了服务质量与工作效率。固定的文献加工方法和检索方法、步调一致的工作人员、统一的工作方法和工作程序是保证医学图书馆功能和作用得到充分体现的关键因素。标准化不仅使医学图书馆系统功能达到最佳，而且保证了医学图书馆最佳的服务效果与效率。

④标准化保证了知识的适用性与流通性。近年来，数字图书馆的使用和网上信息利用受限制已经成为重要问题。因此，制订统一的著录格式标准、与国际接轨的文献内容标准以及资源共享标准等已是大势所趋。只有这样才能保证信息知识的适用性和流通性。

2. 客观社会发展的必然促使医学图书馆工作标准化

社会的发展与科技的进步，使得各个国家都根据本国的情况制订了相应的标准，如分类标准、馆藏标准、建筑标准等。这一方面说明了医学图书馆的标准化工作逐渐向广而深的方向转变，另一方面则说明了医学图书馆标准化工作的必然性。医学图书馆工作的标准化应不仅仅是满足排架、分类等方面的需要，更是为用户提供更便捷、规范的服务。

3.便捷服务的需要促使医学图书馆工作标准化

计算机技术的发展和互联网的诞生，促进了科学技术的进步，同时也极大地缩小了人们的时空距离。个人在这样的大环境中生活对医学图书馆的服务提出了更高的要求。因此，医学图书馆为满足这些需要，不仅要建立统一、规范的检索与输出格式，科学地组织和管理医学信息知识，而且要不断扩大馆藏、革新技术。医学图书馆提供便捷服务、管理和组织资源的重要手段必然是以简化、统一、协调、优化为主的标准化措施。

4.用户对精神的追求促使医学图书馆工作标准化

对于图书馆用户而言，环境和服务态度能够影响其阅读效果和阅读兴趣。不良环境和态度容易使人产生干扰阅读的烦躁情绪，而良好的服务态度和环境则会使人产生愉悦的心情。医学图书馆有责任和义务去创造和维护一个优良的阅读环境作为用户学习和研究的场所，应为读者提供优质的服务。这既体现了对用户权利的尊重，也体现了其办馆的宗旨。因此，医学图书馆相关部门必须建立符合人性、规范的服务标准，并在实践中尽量达到，从而确保优质服务。

5.高效的组织系统促使医学图书馆工作标准化

医学图书馆与现代社会的交流越来越频繁，并且服务的方式和内容也在不断增多，这些导致了医学图书馆工作的难度加大、内容增加、馆员个人素质差异加大以及部门间事务联系增多。高效率的工作是发挥医学图书馆最佳功能的保障，而高效率的组织系统和管理措施则是相关人员能够高效率工作的前提。

二、标准化的性质与内容

（一）标准化的性质

1.统一性

统一性主要指将两种以上的同类事物限定在一个范围内的标准化形式，或是表现形态归并为一种。图书馆工作只有在高度统一的标准之下，才能充分发挥大系统的作用。

2.先进性

标准化的先进性通过标准的权威性来体现。标准若缺少权威性，就不具有普遍性。在制订标准的过程中，为了获得最佳的质量，相关人员必须对每个环节进行反复分析。

3. 协调性

标准化的协调性主要指以标准为接口，协调各个环节、企业、部门、专业之间的技术联系，使标准在一定时期内保持相对的平衡和稳定，从而解决各方面连接和配合的科学性与合理性。标准化的协调性，对于维持各医学图书馆活动的统一，实现馆与馆之间、系统与系统之间的信息交流和资源共享尤为重要，它能更好地发挥医学图书馆的职能。

（二）标准化的内容

图书馆工作标准化的内容十分丰富，其可以从标准的成熟程度和标准的内容两个方面来进行分类。

1. 按标准的成熟程度

标准的成熟程度共有四个层次。一是正规标准，即经有关部门正式批准、颁布的标准；二是标准草案，即征求意见用的标准初稿；三是推荐标准，即尚未完全成熟的标准；四是试行标准，即尚未经有关部门正式批准的标准，经有关部门正式批准后则可以转变为正式标准。

2. 按标准的内容

其主要可以分为三个方面，即基础标准、设备标准和方法标准。基础标准主要指定义、标志、术语、符号等标准；设备标准主要指各种设备的形状、规格、尺寸、性能、质量等方面的标准；方法标准主要指各工作操作过程中的条例、规则或制订方面的标准。

三、医学图书馆标准化管理的内容

（一）标准化的服务标识

与其他服务性行业不同，全国各地的医学图书馆尚未有一个标准的、统一的、本行业的服务标识，这既不能给人以强烈的视觉冲击，也不利于相关人员短时间内的大规模集体行动，不能使用户在看到这个标识时就联想到医学图书馆，因此也不利于医学图书馆工作人员形成对该行业的认同。因此，为了增强工作人员的服务意识，有效地提升行业的服务形象，标准化的医学图书馆服务标识是必须具备的。

（二）标准化的文献著录

文献著录主要指对文献各项目的描述，常用的方法有两种，即标目法和著录法。标目法是实现各种书目检索与规范控制的依据，是关于检索点的规范原则与技术；著录法是实现各类型文献书目记录标准化的依据，是客观描述文献特征的著录原理与方法。文献著录标准化是以国际标准的形式对文献著录的各个方面做出科学的统一规定，如规划、格式、原则、内容等。文献著录的标准化为信息的沟通和交流奠定了基础。

（三）标准化的人力资源管理

与传统的人力资源管理多为事后管理不同，标准化管理的着眼点是服务提供过程的标准化，在服务环节提供的各个阶段，对系统功能的调节具有对最终服务结果进行控制和预防的效果。作为事业单位的各级医学图书馆，由于很难实现对正式工作人员的辞退，因而对人员进行适当的教育、培训，使其能满足时代、岗位的要求，就显得尤为重要。这里需突出强调的是要参照国外同行的做法，根据中国国情，制订出合理的任职资格条件，从而实现标准化的人力资源管理。

第二节　医学图书馆的现代化管理——规章制度化管理

一、规章制度概述

（一）规章制度的定义

医学图书馆的规章制度主要指其主管事项的主要依据是上级授权、行政法规、宪法法律，在总结图书馆实践经验的前提下做出一般的书面规定，再以行政命令的方式公布，最终成为图书馆工作人员必须遵守的行为准则。

一个图书馆的规章制度，对图书馆工作的开展、目标的实现有重要的作用。图书馆规章制度是图书馆管理的重要内容，是图书馆各项规则、章程、制度、标准、程序、办法的总称，是国家宪法、法律、行政法规在图书馆的具体化，是保证法律、行政法规在图书馆各部门、各环节能被贯彻执行的细则与具体办法，是"依法治馆"的依据之一。图书馆规章制度是图书馆工作规律的客观反映，是图书馆管理实践的总结与概括，也是图书馆进行科学管理的依据，在一定程度上反映了图书馆事业发展的客观规律。

（二）规章制度的种类

不同的图书馆可根据本馆需要制订相应的制度和规范，因此有关图书馆规章制度的分类可从不同角度划分。

1. 依规章制度制定与发布的机构进行分类

①各级地方人民政府及所属的主管图书馆的机构制订和发布的图书馆行政规章与制度。

②国务院制订的行政规章和发布的决定、命令。如国务院颁布的《图书、档案、资料专业干部业务职称暂行规定》等。

③图书馆根据行政法规或上级授权自行制定且经过上级批准的行政规章与制度。

④国务院各部、各委员会在本部门的权限内制定和发布的命令、指示和规章，如《普通高等学校图书馆规程》《省（自治区、市）图书馆工作条例》等通知。

2. 依目的和制定根据的不同分类

①执行性的图书馆规章制度。执行性的图书馆规章制度是以执行法律或上级机关所发布的行政管理法规为目的而制定的行政规章制度，通常称为某行政法规的实施规则。

②自主性的图书馆规章制度。其主要指对法律或其他行政管理法规所未规定的事项加以规定。

③补充性的图书馆规章制度。其主要指以补充法律或其他行政管理法规为目的而制定的规章制度。

3. 依图书馆工作的性质分类

其主要可以分为两大类，即读者工作制度和内部管理制度，其中内部管理制度又可以细分为业务性规范和行政性规范。业务性规范可以分为业务管理和人员管理，前者主要负责读者服务、书目、采访、分类、咨询、阅览、编目、典藏、流通等各项工作流程的规定和要求，后者主要负责各种工作定额的规章、工作人员守则、岗位责任制、职工考勤办法等。行政性规范包括工作条例、职责范围、开馆时间等制度。

（三）规章制度的特点

①规章制度是图书馆经验的法定化、条例化与规范化。规章制度是广大图书馆工作人员与管理人员在长期工作、生活实践中证明了的、符合或基本符合

图书馆事业发展规律的那些经验，其被认真总结修改，并由有关主管部门批准而赋予法律意义。

②图书馆行政规章与制度的制定、发布。图书馆规章制度的发布须经上级机关审核批准，这就要求相关部门必须做到公布于众，并在事前反复宣传，教育职工怎样做。

③规章制度既有稳定性又富于变动性。规章制度不仅是为完成图书馆行政事项服务而制定的，而且是由一般事件做出的抽象的规定，因此图书馆的活动内容是动态的，但在发布执行以后具有相对的稳定性。只有随着图书馆实践内容的变化而修改图书馆的规章制度，才能使其适应图书馆实践发展的需要。

（四）制订规章制度的主要原则

规章制度的制订必须避免任何单凭领导意志和个人好恶等专制做法，切忌随意性，总而言之，其是一项十分严肃的工作。因此，相关人员必须遵循一定的原则，才能使规章制度具有保证图书馆一切活动正常开展的作用。

1. 要适应教学、医疗和科研工作发展的需要

医学图书馆的图书资料经过长期的日积月累，伴随着飞速发展的医学、科学技术，数量越来越大，这在一定程度上导致了图书资料的范围、内容和检索方式都发生了一定的变化。因此，规章制度必须能适应这种发展趋势。如一些医科大学近年新增了不少专业，且自转制后成立了二级学院，因此其图书馆的藏书建设应当考虑学校发生的这些变化，相关部门应根据实际情况制订出相应的规章制度，只有这样才能充分发挥图书资料在医学科研中的作用。

2. 有利于教学、科研和医疗，方便读者使用

一般情况下，读者是图书资料管理工作和规章制度服务的主要对象，限期限量出借书刊不仅可以提高图书利用率，而且能加快图书周转，因此为了更好地协同图书馆搞好工作，相关部门必须使相应的规章制度有所保证，如期限的限制、份数、借期等。需要注意的是，图书馆相关部门必须根据其实际情况建立制度，并以方便读者为主要目标，如在藏书多、使用人数却不多的情况下，可放宽出借份数。在藏书建设方面，要考虑各类人员对书的需求量的不同，如医学生对教学参考书的需要量大，加上由专家和教授推荐，因此复本应适当加大。原版图书相对较贵，因此订购一份即可。

3. 有利于提高医学图书馆的工作效率

约束图书馆员和读者的行为是制定医学图书馆规章制度的根本目的。作为

一项管理规范，制定规章制度的出发点是为了践行医学图书馆"优质服务、读者至上"的办馆理念，因此任何规章制度的制定都要激励工作人员的创新精神，充分调动工作人员的积极性和主动性，同时也是为了提高藏书利用率，发挥文献信息资源的最佳效用。

二、医学图书馆的规章制度

对于医学图书馆的具体规章制度，其可以划分为两类进行介绍，即读者工作制度和业务工作规章制度。

（一）读者工作制度

医学图书馆读者工作指直接为读者提供服务的工作，读者工作制度主要指对服务对象、服务设施以及直接为读者服务的工作人员所做的原则规定，是必须遵守的行为准则。

①关于读者使用图书馆的权利和义务，以及规定工作人员服务范围标准、对象、方法。

②关于阅览室、借书处、书库的工作任务、管理规则、借阅方法、收藏范围、服务对象等。

③关于读者咨询记录制度、发放和回收读者反馈意见表制度，以及利用图书馆的反馈制度、读者座谈会制度。

④关于规定各自的工作任务和工作范围的工作方法，确定组织原则、推荐工作的组织条例。

⑤规章制度会随着工作人员职责范围和服务守则的不同发生变化，同时医学图书馆的性质和规模也是影响规章制度制定的关键因素，如有些医院图书馆和医科大学图书馆为了满足重点学科文献建设的需要，设立了学科馆员制度。

⑥学科馆员是医学图书馆为开展深层次的学科咨询而采取的最新服务措施。其主要是针对不同学科，安排不同专业背景的医学图书馆员进行分工负责，按学科主动开展全方位的服务学科馆员职责：主动与所服务的医院临床科室、教研室的老师和资料室联系，了解对书、刊、电子资源的需求，以及教学、医疗、科研与科技开发方面研究课题的情况；熟悉本馆有关学科的馆藏情况（包括书、刊、工具书）、数据库的情况及其使用方法，开展用户教育工作，为各单位开办培训讲座；协助编写各类宣传材料，并且为新增加的文献信息资源和服务措施进行宣传；相关咨询服务；定期了解情况，征求意见。

(二)业务工作规章制度

①文献资料分编规则。关于文献从分编到入藏的周期的规定;对中外文文献资料、报刊、图书等使用的标准著录条例规定使用的级次;关于分编和目录组织的质量要求及审查的规定;关于目录组织的规定,确定目录的组织方法、种类和体系等;对图书、报刊、资料分别规定分类的原则。

②文献资料采集规则。其主要包括招标采购制度、验收登记制度、采购审查制度;确定藏书体系、类别及其原则;规定从进馆到送交分编的周期、从图书发行到进馆的周期、采购方式和方法等;读者需求,文献源的调研制度;规定图书、期刊、报纸及其他资料的入藏标准。

③文献资料的入藏制度。规定入藏和保护的原则、方法、规定及藏书清点。

第三节 医学图书馆的现代化管理——目标管理

从医学图书馆的外在看,近年来普遍存在着借阅人数逐年递减的趋势。从医学图书馆内部看,工作人员积极性不能充分发挥、管理组织僵化等弊端日益影响着医学图书馆功能形象的展现。因此,要加大改革力度,加强管理,增强自身生存能力,传统的管理方法已很难奏效,而作为现代化综合管理方法的目标管理法,运用于现代医学图书馆的管理工作中已显得尤为必要。

一、目标管理的含义

医学图书馆的目标管理就是在重视服务的思想指导下,从业人员共同选定一定时期的共同目标,并制订方针,层层分析,落实措施,取得成果,实行自主管理的一种科学管理方法。根据工作总目标建立各自的分目标,协调图书馆内部各部门间的工作,并依据组织程序与专业分工程序,建立起一个层层展开的工作目标连锁体系是其基本的做法。其基本目的是通过目标管理,实现组织、个人的价值,促使全体工作人员关心自己的事业。

二、目标管理的作用

(一)有利于图书馆工作人员积极性的发挥

目标管理可以使每一名工作人员成为图书馆的管理者,有利于每个工作人员最大限度地发挥和奉献自己的聪明才智,从而使人力资源优势得到充分发挥。

（二）有利于各个层面上的人员明确并实现目标

目标管理将整体目标分解为不同水平的分层目标，这可以使目标更为具体、明确，从而使这个管理系统中的每个层次都有明确的具体目标及达到目标的具体措施。

（三）有助于图书馆整体管理水平的提高

在目标管理中，图书馆的全局目标是通过层层分解、落实来实现的，而各个局部目标又是以全局目标为依据的。因此，要实现各级目标，一方面下级要及时将完成任务的情况向上级汇报，另一方面上级对下级的工作要进行必要的检查、指导，从而形成一种相互促进的良好局面。对于目标评价，需要上、下级同时对本期的目标进行认真全面的分析，肯定优点，找出差距，并确定新目标。在这个连续不断的过程中，图书馆各级工作人员的管理与业务水平势必会得到提高。

三、实行目标管理的必要性

"信息爆炸"时代的来临，使得现代图书馆转变了以藏用兼顾为主的"藏、借、阅"模式，逐渐转变为网络化、多层次、多功能的模式。这就要求医学图书馆的管理必须转变为现代化管理。

（一）图书馆的工作性质决定了图书馆的目标管理

强化服务质量一直是图书馆工作的重中之重。目标管理通过了解和分析用户需求，从而保证用户获得满意的服务，这一方法可作为持续评价和改进图书馆服务质量的有效战略，它通过定性和定量相结合的管理方法，能较好地管理好图书馆的有形服务或无形服务。

（二）图书馆工作范围的不断扩大决定了图书馆的目标管理

现代信息管理方法的应用，使得图书馆的服务范围不断扩大，文献载体在不断变革。因此，过去那种事无巨细、面面俱到的管理方式，已不能满足现代图书馆发展的需求，而是要通过确定图书馆的全局目标，通过各部门根据自身工作情况的具体运作，最终促进总目标的圆满实现。

（三）图书馆的客观评估标准决定了图书馆的目标管理

图书馆评估制度在我国高校、公共、科研三大系统图书馆的全面实施，使得目标管理成为图书馆客观评估依据的一部分。根据目标系统中各子目标实现的情况，可综合评价图书馆工作的整体效益和各个部门、各个岗位的工作。同时还可以通过子目标的实现情况评价其工作成绩，使图书馆的行政主管部门全面、细致地了解图书馆事业的发展现状，为管理决策提供可靠依据。

四、目标管理的建立与实施

基础工作是医学图书馆推行目标管理的关键。基础工作主要包括各种规章制度、各类人员的考核办法、图书馆内部机构设置、编制定员、职工岗位制、例会制度等一系列标准工作体系。目标管理进行决策、控制的主要依据是基本工作所提供的各种资料、数据和信息。

（一）目标的制定

目标的制定主要指图书馆的二级管理部门（馆长、部主任）在广泛论证的基础上，根据图书馆的性质、当前任务及用户需求，考虑各种主客观条件，一齐制定出图书馆的整体目标。方针目标主要指图书馆在一定时期内的行动纲领，主要有以下几个特点：

①目标可操作。目标应避免含糊不清，尽量量化，同时目标还应略高于执行者的能力和水平。

②目标具体化。数量不宜过多，结合实际制定具体目标，要有明确的目标值和实施措施等。

③目标明确化。如文献资源开发情况、藏书增加量，借阅人次、阅览人次等方面。

④目标多样化。既有人员福利待遇和工作计划目标，又有改革和创新目标、维持目标。

（二）目标分解

目标分解指馆长通过同各职能部门把图书馆的整体目标分解成各职能部门能分担的分目标，各职能部门再把所承担的目标分解成由个人承担的具体目标，并根据每个工作人员所承担的具体目标限定其责任。这样通过纵向到底、横向到边的目标分解，就可以建立起完整的目标体系。

第四节 医学图书馆的现代化管理——知识管理

一、知识管理概述

（一）知识管理的产生与发展

图书馆是对知识进行管理的最早部门之一，从产生之日起就开始对知识进行挖掘、组织、管理、保存、利用和传播，但它并没有最先提出知识管理这个概念。知识管理的概念是企业界最先提出来的，分类法则是对知识进行管理的一个基础。分类法的发明使人们对知识管理有了一个清晰的认识，不仅是知识管理的典范，更是使无序的知识有序化的有效举措，各个图书馆开始有效地管理纲目和网络，这对于知识的挖掘、管理和利用而言具有十分重要的意义。

1. 知识经济时代的到来

早在20世纪60年代，就出现了"知识经济"的萌芽，20世纪80年代，以知识为基础的经济和"知识经济"出现在人们的视野中，到了1996年，联合国经济合作与发展组织宣告了知识经济时代的到来，其发表的《以知识为基础的经济》使世界范围内的知识经济热潮拉开了序幕。

知识经济的出现，标志着人类社会正步入以知识资源为依托的新经济时代，知识将成为最重要的经济因素。知识经济时代最基本的特征有两个：脑力劳动已上升为人类劳动的主要形式，知识产品的生产居于主导地位；科研、教育、信息等知识产品生产部门已上升为推动整个社会经济发展的主导力量。知识经济时代的到来推动了知识组织、知识管理的发展。

2. 知识管理的出现

随着全球信息化和网络化的飞速发展，知识管理与知识经济并行发展，这是在知识驱动下的管理革命，即以知识为核心的管理。以人性化的知识管理为标志的管理革命就是二次革命。现代知识管理是由企业界提出的，是对企业所有的知识实施全面的管理，有效开发和利用企业知识资源，提高企业创新能力的重要举措。

现如今，国外许多大学图书情报学院纷纷将知识管理纳入正式的课程中，并且十分重视培养专门的知识管理人才，并出现了以此为主要内容的各层次的专业教育。例如，北京大学信息管理系设置了企业信息化专题等内容；武汉大学图书馆学硕士学位的课程则设置了知识管理与应用等课程。

以知识为中心进行重组和创新的图书馆学、情报学，研究知识增值的理论，建立以知识为组织和处理单元,揭示知识的生产、利用的规律与方法,探索知识发展规律,合理配置知识资源,有效组织知识,从而实现知识共享、知识创新的目的。近年来,图书情报领域的研究热点已经逐渐转变为数字图书馆的知识管理。图书馆界、情报学界在文献管理的基础上,研究知识在组织中的生产、创新、增值等规律,探讨一般意义上的知识管理的理论与方法和信息管理,同时也对企业知识管理和企业信息管理进行研究。

信息组织是从文献组织发展而来的,现在又朝着知识组织的方向发展。从文献组织到信息组织再到知识组织,这是一个不断发展的过程。在这个过程中,研究领域已经延伸到知识组织所能概括的所有问题中。

(二)知识管理的特征

1. 重视人的作用和发展

图书馆知识管理的重点应当是激励员工智慧,开发馆员潜能,并且将其应用于业务与服务之中。因此,我国医学图书馆应重视馆员的终身教育和职业培训,充分尊重个人的价值与自我实现,从而不断提高工作人员获取知识和创新知识的能力和水平。

2. 重视知识创新

图书馆知识管理的直接目标和主要动力都是知识的创新。图书馆实行的知识管理不仅是把握知识间、知识与用户间的相互关系,而且是对知识信息的收集、存储的机械性管理。

(三)知识管理的关键技术

信息技术在知识管理中的作用包括以下几个方面。

1. 知识管理的对象进入微观的知识单元

随着信息技术的飞速发展,知识管理的对象逐渐进入微观的知识单元,如段落、单词、句子、文章和章节等。运用全文检索技术,不仅可以对单词、句子、文章、章节等进行知识链接,而且能分析某个文章空间位置的变化,检索某个单词的出现次数等。

2. 极大地拓宽了知识传播的扩散半径

图书馆知识传播随着互联网的发展得到了极大的拓宽。目前,我国大多数医学图书馆都已经建立了具有本馆特色的网站,并通过互联网不断扩大着知识传播的半径。

二、医学图书馆的知识管理

（一）知识管理与传统医学图书馆管理的区别

激励创新并实现医学图书馆的价值是医学图书馆知识管理的主要内涵，其本质是激发集体智慧，通过知识共享来提高竞争力。与传统医学图书馆管理相比，医学图书馆知识管理指应用知识管理的理论和方法，充分地满足用户不断变化的信息与知识需求，在合理配置和使用医学图书馆各种资源的同时，提升现代医学图书馆各方面的职能，两者有多方面的差异。

1. 理论基础不同

医学图书馆知识管理是以医学知识管理理论为基础的，而医学图书馆管理则是以传统的管理学理论为基础的。

2. 管理对象不同

医学图书馆知识管理对象不仅包括对非结构化数据（隐性知识，如经验、技术等）和人的管理，而且包括结构化数据（显性知识，如各种数据库等）；而医学图书馆管理系统仅局限在编码化数据方面。

3. 侧重点不同

医学图书馆知识管理强调"以人为本"，主张调动每个馆员的积极性、主动性，充分挖掘与发挥他们的智慧与能力，最大限度地实现知识共享。这样就打破了传统医学图书馆管理的一般事务性的、固定的、僵硬的物化管理原则。

4. 服务方式不同

传统医学图书馆管理只提供信息服务，而医学图书馆知识管理可以提供专业化服务和个性化服务。

5. 管理方式和技术不同

与医学图书馆信息管理系统相比，医学图书馆知识管理采用了更加先进的信息技术，包括充分利用数据挖掘、数据仓库、人工智能等先进技术来进行信息的处理和加工，采用大型数据库技术、新型检索技术、网络技术等来保证知识的存储、传播与共享。

（二）知识管理方法与其他管理方法的比较

1. 知识管理方法与目标管理方法的比较

虽然医学图书馆目标管理有利于调动工作人员的积极性，有利于实现从分散性管理向系统性管理的过渡，有利于实现从单项管理向综合管理的过渡，有利于提高图书馆专业队伍的素质和工作效率，但在目标管理实践中，经常会遇到两个棘手的问题：难以协调目标间的冲突、难以激发员工的工作热情与创新精神。尽管医学图书馆目标管理提倡运用授权理论、自我控制理论、激励理论，发动并鼓励全体人员参与制定、实施、评价目标的全过程，但在目标管理的实施过程中，图书馆员主动地、自觉地为实现目标所做的贡献不够，往往只是为完成计划任务而工作，而没有从内心深处调动员工的工作热情和创新精神。

医学图书馆知识管理强调以人为本，尊重图书馆员的作用和自身的发展，强调运用权变管理思想来加强管理，以柔性管理方式取代目标管理中的硬性管理，使工作热情与创新精神能够得到最大限度的体现。医学图书馆知识管理通过建立灵活的扁平化知识型组织——知识型团队来弱化等级，注重平等参与，克服了目标管理中存在的上下信息沟通不畅、信息失真甚至阻塞的弊端，也有利于营造一种平等竞争的气氛，充分发挥人的积极性和创造性。医学图书馆知识管理还通过营造一种知识共享文化，形成一个能够让知识自由流动的环境，这样就可以协调图书馆各部门的工作任务和员工间的关系，使之成为一种学习型组织，促进知识共享和知识创新。在管理方法上，知识管理是对目标管理的一种扬弃。

2. 知识管理方法与集成管理方法的比较

信息技术的飞速发展及网络资源的不断扩大，推动了集成管理系统的发展，使其逐渐被运用于医学图书馆的资源组织与检索中，但是医学图书馆集成管理仍停留在技术层面上，没有形成系统化的理论与方法。医学图书馆集成管理，指运用集成思想和观念创新性地开展医学图书馆管理实践的过程，主要是通过对机构、人员、信息技术、文献信息资源等各种资源要素的整合来促进优势、功能、要素之间的互补，从而提高工作效率。与传统医学图书馆管理相比，医学图书馆集成管理表现出如下特征，即目标功能放大，管理要素得到拓宽，管理复杂性增强，管理系统的边界日益模糊，管理手段兼容性、适应性增强。

集成管理与知识管理虽然是两种不同的管理方法，但仍然存在着不可分割的关系，主要体现在以下两个方面：

①集成管理通过管理要素的"集成"实现了知识创新。从管理角度来看，"集成"是在各要素的结合过程中，注入了创造性的思维，即一种创造性的融合过程。近年来，利用医学图书馆的信息资源、技术资源、人力资源等为用户提供有效的服务，这就要求医学图书馆必须在资源配置、业务布局、机构设置等方面进

行整体集成优化。其实质就是对医学图书馆的知识资本进行重新配置的过程，如包括结构资本、市场资本、人力资本、知识产权资本。

②知识管理可以通过吸收集成管理中的"集成"理念来实现知识集成和构建医学图书馆知识管理系统。与信息集成相比，知识集成主要是对分散在不同协作单位间的知识和分散在医学图书馆员工头脑中的意会性知识进行集成。

三、医学图书馆知识管理的发展趋势

（一）异质资源整合是数字图书馆发展的关键

对于资源管理和知识管理而言，医学图书馆现有的资源结构各异，且种类繁多，这为其管理带来了许多障碍。将非数字资源的书目数据库与数字资源书目数据库以及各种数字资源书目数据库整合起来，是异质资源整合的一个方向。

（二）生物医学学科导航是知识管理的有效方式

图书馆馆藏文献的丰富收藏是其他任何信息机构所不具有的，因此除了适当搜集、加工、收藏通过各种方式得来的信息外，还要为社会营造良好的学习和创新知识的生态环境，立足于对系统性的"文献知识"的开发利用，确定自身在社会的独特位置。医学图书馆的知识管理必须以医学文献知识的开发利用为基础。其知识管理的一个重要发展方向就是建设生物医学学科导航，通过资源分类、指向、比较等，为学术研究提供帮助。

（三）医学图书馆员在知识管理中发挥着越来越重要的作用

医学图书馆工作的顺利开展依赖于馆员。知识管理研究学者达文·波特认为："图书馆员在知识管理中可以发挥核心的作用。他们掌握收集、编目分类和传递知识的技能。他们善于掌握用户对知识的需要。"医学图书馆在传统的管理中，领导对馆员往往是进行"时间限制"，如阅览室、流通部等值班；"定量考核"，如采编室的加工，这些往往都流于表面，馆员的积极性难以调动起来。实行知识管理，就要充分激发馆员的创造性与潜能，鼓励知识公开与知识共享；让馆员发表新思想、好主意，鼓励在自由、平等、随和讨论的环境中提高个人自主能力与责任心。同时，注重人力资源开发，实施终身教育，加强馆员的职业培训与终身教育，不断地提高馆员的医学科技知识水平与获取知识和创新知识的能力。通过努力，把"简单服务型"的医学图书馆员改造成新时代的知识主管和知识工程师、知识导航员。

（四）知识管理没有固定的蓝图

知识管理是一种各自设计的活动，其重要的表现在于构筑组织的学习氛围与文化氛围，作为一种自我设计的活动，能体现组织在市场的独特位置及文化品位。因此，知识管理没有固定的模式。知识主管（CKO）的角色一般是有时限的，要求能掌握方向、把握时机，使管理变革顺利地通过关键时期，同时，CKO 的作用更多地表现在组织的知识重组与知识创新上，通过 CKO 的作用使知识在组织内发生扩散与迁移，这就使得 CKO 的角色正在被更清楚地定义为领导的角色。

第六章 医学图书馆的现代化服务

当今社会，人类正处于知识爆炸时代，科学技术迅猛发展，信息资源海量增长。在这种形势下，传统图书馆服务工作越来越难以满足读者对信息资源的需求，对于医学图书馆而言更是如此。医学图书馆管理着世界上最新最全的医学文献资源，它不仅要管理医学知识，而且需要利用并创新医学知识，从而使之服务于医学科研工作者。与此同时，医学图书馆是为医疗、医学科研、医学教育工作提供文献信息保障服务的学术性机构，在医药卫生事业中具有十分重要的地位。本章主要分为医学图书馆的知识服务、医学图书馆的用户服务两部分，主要包括知识服务模式、用户服务的地位与作用、用户教育、用户科技查新服务等内容。

第一节 医学图书馆的知识服务

一、医学图书馆的知识服务

（一）医学图书馆知识服务的概念

事实上，医学图书馆的知识服务是在图书馆知识服务长久发展的过程中形成的，当然，我们也可以理解为，一般的图书馆知识服务都可在医学图书馆知识服务中加以运用。但需要强调的是，其目标应当更多地集中在研究如何更好地为医学科研工作者提供服务，为不同的客户提供个性化服务。那么，一般的图书馆的知识服务又是什么呢？即从各种显性和隐性知识资源中按照人们的需要有针对性地提炼知识和信息内容，搭建知识网络，为用户提出的问题提供知识内容或解决方案的信息服务过程。

(二)医学图书馆知识服务基本流程

第一，信息搜寻。医学图书馆利用自己所购买和拥有的资源以及与各种兄弟图书馆达成的联盟或协议，搜寻所需要的显性和隐性信息，为用户提供信息知识。第二，信息分析和整合。医学图书馆员或学科馆员对收集的相关需求信息进行筛选、分类、分析和整理等粗加工，形成可供知识化的有用信息。第三，信息的知识化。知识服务专家以信息分析和整理后的有用信息为基础，结合其专业知识和已有经验，将呈点状分布的信息节点整合成能够直接应用的结构化、条理化和系统化的专业知识。第四，知识应用。医学图书馆员或学科馆员根据服务对象的特点和要求，充分开发自己具备的隐性知识，提供给医学科研人员高度个性化的知识服务产品，如科研动态分析、学科前沿等，帮助医学科研人员减少重复劳动，实现知识的应用和创新。第五，知识服务反馈。用户根据新知识与实际需求的结合情况，向医学图书馆反馈新知识的使用情况，指出其存在的不足和缺陷。医学图书馆根据服务对象反馈的信息，修正、完善或重新设计知识服务过程，制订相关策略，以提高服务效率及准确性。

(三)医学图书馆应如何开展知识服务

其一，基于资源重组的"知识化"服务。一方面，依托馆藏资源的知识信息服务加强馆藏文献信息资源的数字化建设，开发建立以体现重点学科、优势专业、权威课题及重点用户特需专题为主的特色数据库与信息资源服务体系，直接为用户提供长期积累而形成的优势数字化文献信息资源和时效性、针对性较强的知识信息咨询服务；另一方面，依托建立知识体系的知识信息服务。按照知识的分类体系及学科专业结构、知识的不同形态、知识的语言学原理和知识的关联方法等内在要求，重点对本单位在线与非在线的图书、期刊、图片、视频、音频、数据库、多媒体和网页等进行"知识化"的重组整合，使单元的、分散的信息资源集成为有序的知识体系，以动态分布的方式为用户提供"一站到位"的系统性知识化服务。除此之外，还需要依托智能软件的知识信息服务。采用知识挖掘（knowledge mining）、知识发现（knowledge discovery）、推送技术（push）、智能搜索（intelligent search）、数据融合（data fusion）、数据仓库（date ware house）等多种智能软件，实现智能化"知识组织"基础上的信息咨询服务。

其二，基于用户需求的个性化服务。此项服务应当针对不同用户的素质、个性需求等特点，研究并建立能够满足用户特定信息需求的"个性化"服务机制，也就是我们所熟知的"门户网站服务"。

一方面是利用网络推送技术的特色服务。这种信息推送服务实际上是基于因特网条件下的传统定题服务的一种"智能化"的延伸。其主要采用了定制网页、发送电子邮件、发布专题信息和推荐接受软件等网络信息推送的应用技术，为特约信息需求用户群体，长期或定期推送定向式、跟踪式的专题信息服务。另一方面是利用网站定制系统的个性服务。该系统大致可分为两类：一类是"个性化"网页定制，另一类是"个性化"信息定制。前者可根据特约用户的个性与爱好来定制或调整相关网页的主题内容、布局、色调和网络应用工具等。后者可根据特定用户的预先选定知识类别、学科专业、信息内容等需求方向，采用智能软件与人工干预的做法，快速组织与定制专用信息，把有深度、有针对性的医药卫生信息资源定时发送给特约的医药卫生人员。

除此之外，专用镜像站点信息服务的合理利用也是极其必要的。在得到信息源网站准许的前提下，将针对用户特定需求的学科门类、专业课题、专题文献、特定人物、时事新闻等相关网络信息资源，原原本本地镜像到本馆WWW服务器上，建立一个与信息源网站相同的专用信息资源库，为特定用户提供比信息源网站更便捷的全文在线浏览和下载利用服务。与此同时，还需要充分利用网上专题论坛的互动服务。

其三，基于实时联动的交互式咨询服务。此交互式咨询服务主要分为两种，一种是电子邮件和留言板模式的咨询服务。在本网站的主页设置电子邮件或"留言板"的链接，用户咨询的问题会以邮件或表单的方式提交给专业咨询馆员，专业咨询馆员在最短的时间内以相同的方式将答案递送给咨询用户。一种是实时交互模式的咨询服务。为弥补电子邮件方式不具备实性反馈的缺陷，可以尝试利用网络会议或聊天类似的网络交互软件，将专业咨询馆员设置为主持人，在特定的时间内进入系统，验证用户的咨询问题，实时进行对话和解答。与此同时，还需要运用网络联合咨询模式的咨询服务。为了避免因用户咨询请求剧增可能造成一个网站咨询员不能及时反馈信息或难于扩大化的现象，可以建立因特网网站联合的网络咨询服务体系，提供远程联动式的咨询服务。

（四）医学图书馆知识服务开展原则

1. 强化医学图书馆实施知识服务理念

观念影响行动，医学图书馆员应该牢记医学科研人员需要知识服务。医学科研人员，特别是临床医生需要终身学习，不断深造，他们不仅要治病救人，开展临床工作，而且还要搞科研，写论文，对于他们来讲时间非常不够用，时间就是金钱。他们需要的是不用进一步加工、能够直接利用的科研数据或者信息资源，需要医学图书馆为他们提供学科动态和发展方向，帮助他们确定科研工作的意义。因此，只有医学图书馆能够依托馆藏资源和人力资源提供给他们这些服务。

2. 加强医学图书馆资源建设

加强馆藏文献信息资源的数字化建设，开发建立以体现重点学科、优势学科、权威课题及重点用户为主的特色数据库与信息资源服务体系。重点对本单位的图书、期刊、视频、数据库等资源进行整合，使其有序统一。除了信息资源以外，还需要对图书馆进行必要的网站建设，优化网页设计，使其醒目、易操作，如此才能使之更好地服务于用户，加强用户与图书馆员之间的相互联系，使医学科研人员与图书馆员之间形成知识共享的良性互动。

3. 全面提高图书馆员知识服务能力

医学图书馆员大多是医学院校信息系或者情报系的毕业生，他们具有医学知识，医学英语水平较高，文献情报检索能力也很强，是交叉型人才。其即使提供知识服务的基础很好，也需要随着时代的发展不断地进步。医学图书馆员从事知识服务还需要具备知识创新、知识分析和研究能力，还需要了解网络资源、数据库和相关分析软件的使用情况，因此，医学图书馆应该为馆员提供学习进修的机会，为更好地开展知识服务提供保证。

二、医学图书馆知识服务模式

（一）基本模式

1. 专业知识中心模式

这种模式以专业知识为基础，以专业信息资源为内容，按专业类别进行知识组织，定位于专业信息资源的集成，向用户提供知识服务。专业信息中心模式可以分为三种具体的组织模式。

①学科知识中心模式：此模式是将专业信息资源导航、专业化网络检索工具、图书馆资源检索、专业论坛、专业研究和会议动态、专题文献报道、专业咨询等集成在一个层面上。这样，一方面通过提供前台服务，能够使相关人员及时与专家沟通；另一方面能够集中力量展开对重点专业信息资源的建设。同时，独立的组织建制能够使知识服务机构建立与特定服务对象的长期服务关系，从而提供更为具体的连续性服务。

②专业化网上知识服务模式：该模式提供专业的网上服务界面和网上资源。

其中，专业化网上服务界面主要是依靠建立专业网站、向用户提供经过专业人员精心选择和管理的目录或导航库，来定期动态报道专业信息资源的更新情况、专业领域的学术动态，组织专业信息资源评价，为专业用户提供及时的、易接近的专业信息获取窗口。

③专业化全面知识服务模式：该模式不仅以其"非中介性"为用户获取知识单元提供了便利，而且对知识服务的进一步深入开展提供了一个理想平台。在该模式中要深入揭示知识单元间的关系，通过严格的评价标准选择信息和分析信息，其所提供的信息资源本身就凝聚着许多增值性的服务。

2. 虚拟社区模式

虚拟社区模式定位于向专业信息用户提供信息交流的平台，并且基于该平台为特定的用户提供知识服务，促进虚拟学术团体的课题研究工作，满足用户的信息需求。该模式主要表现形式是利用邮件群、公告版、电子论坛等，开展课题知识服务，或通过建立学科公共信息服务体系提供知识服务。该模式支持专业人员之间、用户与知识服务人员之间汇集、交流、发布与专业有关的知识及相关工具与服务，是专业的集学术、会议、刊物、图书馆等功能为一体的知识服务虚拟社区。当前，这种虚拟社区知识服务模式已被各种研究组织，如专业学会、研究中心等加以广泛利用。

3. 结构化参考服务模式

此服务模式在继承一般参考服务模式高度可接近性优点的同时，又通过建立细分的咨询体系为咨询服务的进一步深化提供可能。该模式以"层次化"的咨询建制为特征，保留了显要位置上的咨询台，为用户解答简单问题和引导用户接受进一步的咨询服务，在此基础上按照问题的难易程度、资源利用量和利用方式或者专业类型等标准将其划分成若干具体的咨询部门，并在人力、资源等方面进行对应的配置和分布。由于结构化参考服务模式立足于用户问题的深入解决且提供了相应的人力和资源支持，在一定程度上为实现服务的个性化和连续性提供了可能，同时也对咨询人员的知识和能力有更大的倚重，因而这一模式对咨询人员的知识结构和业务素质有更高、更具体的要求。

4. 顾问公司模式

顾问公司模式是一种依靠临时团队提供知识服务的模式，即针对特定任务组织专门的人力、物力展开服务工作。由于这种模式能够降低知识服务的固定运营成本同时又不影响知识服务的效果，故其在科研机构、顾问公司、诊断公司等机构中得到了广泛应用。顾问公司模式有三个基本特点：

①柔性组织机制：在顾问公司模式下，管理成为一种结合力，组织在得到用户需求以后，按照既定规则和程序建立一定规模的临时团队，这个团队的成员可以是从组织内部的各个部门抽调的人员，也可以是从组织外部聘请的专门人员，这样不仅可以保持组织内部紧凑的人员结构，也减少了团队人员之间复杂的关系，明确了工作目标，营造了良好的工作氛围。而且，在该模式下，任何团队的建立都是根据用户需要进行的，人员更加专业，更能积极有效地解决问题。

②嵌入式服务：临时组织的团队目标和责任明确，权利独立，且团队人员工作比较集中，行动也比较灵活，可以"嵌入"到委托方的组织之中，随时采取现场观察法、参与指导法、专家意见法、调查法、实验法等寻求问题的最佳解决办法。这种服务大大加强了服务的深入性，提高了解决问题的效率。

③专家的广泛引入：由于知识服务所要解决的用户问题往往具有专业性和复杂性，在面对具体用户问题时，知识服务机构往往需要聘请一些专家。该模式使专家的引入更具有针对性，使临时团队的知识结构更加完善，而且该模式通过授权的方式激活了员工的积极性和创造力。

（二）常规模式

1.文献检索服务

文献检索服务是所有类型图书馆都已经开展的工作，可以认为是信息服务。医学科研用户搞科研、写论文时需要参考国内外文献，学习已有的研究成果，结合自己的学习工作实际，将显性知识和隐性知识结合起来进行知识创新。医学文献的特点是数量大、类型多而且分散广，用户查找起来有一定困难。图书馆员可以按照一定的标识系统与途径，从大量的书目、索引、题录、文摘等二次文献中，查找到用户所需要的特定文献。文献检索服务，就是文献资料查找服务，它是科研活动的前期劳动和基础积累，对于科学研究有着十分重要的作用。文献检索服务可以帮助科研人员查找文献，节省用户检索文献的时间和精力，而且得到的都是准确切题的文献，使科研人员在短时间内便能获得他们所需要的国内外有关的文献资料。通过各种途径检索，查找出所需文献资料后，将文献资料组织编排，以目录索引等书面方式提供给用户。为了方便用户使用，有的还提供原文出处、收藏单位以及索书号码，以便于用户采用外借、阅览、复制等办法，直接获取原始文献或文献复制品。

2. 参考咨询服务

顾名思义，参考咨询就是根据读者在使用图书馆过程中遇到的各种问题，如读者在查询馆藏目录和使用馆藏书刊时遇到的问题，读者在查询网络信息时遇到的问题，以及读者在寻求图书馆各种服务时遇到的问题，由图书馆负责解答。其是图书馆利用参考工具、检索工具以及馆员的专业知识，为读者检索和提供文献、文献知识或者文献线索等，从而帮助读者解决疑难问题的一种服务方法。图书馆参考咨询工作是图书馆工作内容中的重要组成部分，是阅览服务的深入和发展，是更好地为读者提供服务的有利措施。参考咨询工作在传递并利用信息资源、为读者提供信息服务、宣传图书馆功能等方面发挥着重要的作用。随着网络技术和信息技术的飞速发展，参考咨询工作的内容和形式都随之发生了改变，出现了在线咨询、实时咨询、互动咨询、可视化咨询等方式，目的都是给用户提供实时、动态、便捷、高效的信息服务。

3. 读者教育服务

医学图书馆具有利用书刊资料传播医学相关知识，对读者进行教育的职能。对医学科研人员进行教育，告诉他们多利用图书馆、用好图书馆是一个由浅入深、循序渐进的过程。具体教育工作可以从两个方面开展：

①指导读者利用图书馆。为了吸引更多的读者利用图书馆，为了帮助更多的读者充分利用馆藏文献资源，图书馆应该经常采取多种形式宣传图书馆的性质、任务和发展情况，介绍图书馆藏书资源的情况和使用方法。定期开展培训班，由馆内人员或聘请专业的数据库厂家人员向读者介绍数据库功能和使用方法等，使用户更加了解馆藏资源，更加乐于应用馆藏资源，有问题第一时间想到图书馆会帮助他们解决问题。

②指导用户充分利用图书馆目录。图书馆目录是全面揭示馆藏资源的工具，要更好地利用图书馆资源，就必须学会使用图书馆目录。现在随着网络技术的发展和馆员信息技术的提高，每个图书馆都有自己的图书馆网页，图书馆一切工作、任务、馆藏资源都可以分门别类地显示在网页上，由馆员自己维护。图书馆目录可以说是读者学习科研时必备的钥匙。指导读者学会使用图书馆网页，使其了解其中的数据库和馆藏资源，可以采用集中讲课的方式，也可以设置馆藏资源辅导员或在平时接待读者查阅咨询时随时辅导。读者能够熟练地应用图书馆网页，查找文献，能够减轻图书馆员的工作量，从而图书馆员可以将更多的时间和精力放在针对读者的个性化服务方面，或开展文献检索知识教育方面。读者在查找文献时，对于数据库的使用往往无从下手，或者仅仅知道简单检索，

常常经过很长时间的检索也没有太多进展，仍然找不到切题的参考资料，最后弄得心情沮丧，丧失科研的激情。指导读者学会使用图书馆文献数据库和检索工具，可以采用集中授课的方式，也可以制作视频教程，图文并茂地使读者在实践中学会操作。在已实现自动化管理的图书馆中，可以采取适当的方式指导读者熟悉和掌握本馆的计算机检索系统，使读者不再迷茫，从而形成自助查找资料的良性循环。

4. 知识共享服务

知识共享服务的实现，可以在极大程度上提高医学图书情报部门服务的创新能力。目前比较常见的实现方法有以用户目标为根本切入点，收集与捕获内部和外部知识，并对其进行相应的管理；科学地使用数据库和信息技术，从纷杂信息流中筛出新知识点，并将其进行适宜的整合，根据知识体系录入数据库中，然后通过计算机技术和网络技术使人们能方便地检索有关数据与知识；利用专家系统、决策支持系统的知识分析和运用功能，建立和发展各种管理机制来激发知识服务人员参与知识共享和进行知识创新。

5. 展览服务

展览服务就是将书刊资料等陈列展览出来，用户可以直观地了解书刊内容，起到宣传的作用。其特点是把大量书刊资料直接展示在读者面前，宣传范围广泛，报道内容具体，方式简便、直观。既能充分开发利用信息资源，又能方便读者在短时间内浏览、选择、参考和收集大批资料，节省时间，效果明显。展览服务在一定意义上可以说是借阅服务的延伸和发展，其形式灵活多样，不拘一格，有新书展览、专题书展、多种载体文献展览等；有定点展览、巡回展览等。

（三）个性化模式

1. 定题服务

其一，主动性。定题服务是主动性的服务工作，这体现在医学图书馆员联系用户实际，主动了解科研进展情况，主动与用户联系，收集调研文献情报动态，编制专题文摘、索引以及专题综述、述评、专题参考资料，主动定期地向用户提供最新情报资料。

其二，针对性。定题服务是针对性很强的服务工作。从接手服务到情报调研，再到文献服务，都体现了很强的针对性。其只针对客户的课题服务，不涉及用户的其他需求，跟踪课题的进展，了解动向，围绕课题范围，收集、查找、编制资料，只针对课题需要，提供文献，并服务到底。

其三，高效性。定题服务是效率很高的服务工作，它凝结了图书馆员的辛勤劳动和智慧。通过定题服务，可以解决科研活动中的一系列大难题，使科研活动等前期工作能够更好地开展。

2. 信息编译服务

编译服务是图书馆专门组织人员，充分发挥医学图书馆员专业英语的优势，代替读者直接翻译和编译外文书刊资料，以帮助读者克服语言障碍，提高外文文献利用效率的服务方式。编译外文文献有两种形式：一是翻译体，即按照原文直接翻译，译者不附加任何外文词语；另一种是编译体，即汇集若干同类外文资料，由编译者将一定的问题，用自己的语言表达出来，来源语言内容只作为目标词语的参照，是一种经过加工整理的编译著述。

3. 学科馆员服务

学科馆员与普通图书馆员的区别是强调"学科"二字。"学科"是一个相当宽泛的概念，如一级学科、二级学科、三级学科。各个学科内有不同的专业方向，医学学科馆员的服务模式是争取为每一个专业方向设置一个对口馆员。学科馆员的专业知识需要一定的广度，但不可能达到专业人员那样的深度。专业背景是学科馆员业务开展的前提，但不要过分强调学科馆员的专业研究水平，学科馆员能否胜任工作，还是要考察其能否提供与研究水平相匹配的优质的信息服务，学科馆员的发展定位是学科文献信息专家。医学不仅是一个发展变化相对活跃的学科，而且其所覆盖的分支学科范围也颇为广泛，不同学科的信息服务工作由不同专业的学科管理员来完成，如此便能确保图书馆员有更多的时间和精力对自己负责的学科进行更为深入的了解，从而把握研究热点和发展动态，有能力分析鉴别该分支学科的信息资源，促进与用户的交流，加强了解医学教研对专业文献信息的需求，从而有针对性地收集整理信息，并分析研究，为内科、外科、儿科、妇产科等各专科用户提供专业、深层次的医学知识。

4. 专业化用户信息系统服务

其一，个性化定制服务模式。其为按照用户个人的需求、爱好和知识体系而定制的一个聚合了分布式多元化信息资源、工具和服务的数字信息体系，并以此为用户提供具有联系性、系列化的专业信息服务。

其二，智能化学习服务模式。根据科研团队或组织整体学习的需要，建立包括集成分布式多元化信息资源和集成信息服务手段的用户信息交流和网络学习系统。该系统主要利用基于智能和信息内容的主动匹配和推送技术，从用户学习活动中利用信息的动态，解析信息集合和学习的热点与难点，并根据用户的需求自动地汇总并嵌入相关信息资源、辅助工具和各种服务，支持用户将所需的信息进行收集、注释、添加、传递、团队讨论和写作处理等活动，帮助用户形成群体个性化的学习空间。这种机制也可以用于其他研究写作系统和决策支持系统中。

5. 其他个性化知识服务

其一，用户兴趣和行为的获取与用户建模技术：它是个性化服务的前提和关键。用户兴趣的获取可以通过用户填写表单、反馈信息的使用情况等显性方式获得，也可以通过跟踪、分析用户的行为等隐性方式获得。用户建模技术可以分为用户手工定制建模、示例用户建模、自动用户建模三种。其二，数据挖掘技术：用户可以通过网络信息知识的挖掘，来获取用户的需求以及用户的兴趣等信息。其三，信息过滤技术：对网上大量的信息进行筛选从而得到符合用户兴趣的信息。信息过滤策略可以分为基于内容的过滤、协作过滤和混合过滤。其四，人工智能技术：利用各种自动机模拟人的思维过程和智能行为的技术，亦称机器智能技术。它是计算机科学技术的一个重要分支。当前主要研究如何利用计算机软件和硬件系统模拟人类智能行为的基本理论、技术、方法和实际应用。其五，智能代理技术：克服了搜索引擎和在线浏览的缺陷，智能化地理解用户的信息需求，使用自然语言处理、信息检索、机器学习等技术，为用户提供准确可靠的信息。

第二节 医学图书馆的用户服务

一、医学图书馆用户服务的地位与作用

（一）用户、信息用户和医学信息用户

1. 用户和信息用户的含义

在图书馆和情报（信息）部门开展的用户服务中，用户（user）通常指科研、技术、生产、管理、文化等各种活动中一切需要与利用文献、信息的个人与团体。前者被称为个体用户，后者被称为团体用户。在信息传播与交流中，用户指具有信息传播与交流需求和条件的所有社会组织及成员。在其他专门化的信息服务中，"用户"还有其他的含义。在考察社会信息的产生、传播、吸收和使用过程中，任何社会组织和社会成员，既是信息的创造者和传播者，也是信息的接收者和利用者，其客观的信息需求为他们的社会需求所引发，表现为对信息

接收、交流、发布、传送、吸收、利用和创造的综合需求。社会中的人只要有利用信息的智力条件和与他人的交往需求，就必然会成为信息用户。这是因为信息用户在获取信息的同时，常常会更频繁地有信息生产、发布、交互等行为，表现为信息与用户的交互作用。因此，凡是具有一定社会需求和社会信息交互作用条件的一切社会成员都属于信息用户的范畴，它不仅包括需求信息和接收信息的成员，同时也包括能参与社会信息交互过程的成员。

2. 医学信息用户的范畴

医学信息用户是医学信息交流的终端，是医学信息传递的归宿。医学用户的信息需求决定着医学信息流动的方向、渠道、内容以及信息量。然而，何为医学信息用户呢？即在医学科研、教学、临床、管理及其他各种活动中需要利用医学信息的个人或团体。也就是说，凡是利用各种医学信息服务方式或医学信息交流渠道获取所需医学信息的一切社会成员都属于医学信息用户的范畴。现代医学信息用户大致可以分为五类，即"医学专业用户""医疗决策与管理机构""医药企业""病患及家属""关心健康的普通大众"。

（二）医学图书馆用户服务及其特点

1. 医学图书馆用户服务的范畴

医学图书馆用户服务的开展是以文献、信息与医学信息用户的关系为前提的，以此为基础组织"用户服务"和用户信息活动。其实质上是从社会现实出发，以充分发挥医学信息的社会作用、沟通医学信息用户的信息联系和有效组织用户医学信息活动为目标，以"信息运动"各环节为内容的一种社会服务。医学图书馆用户服务不仅涉及传统的文献出借与阅览，而且还涵盖了更为广阔的内容。

2. 医学图书馆用户服务的特点

①服务资源的学科专指性。医学图书馆作为一种特定类型的专业图书馆，最突出和最明显的标志就是其收藏的文献信息资源以医学、药学和相关学科为主。尽管不同类型的医学图书馆收藏的文献信息占其全部馆藏文献信息资源的比例会有所不同，但以医学及相关学科文献信息为主是绝对的，这是医学图书馆与其他类型图书馆的根本区别。这是医学图书馆用户服务带有学科专指性的一个关键所在。

②服务对象的专业性。与其他类型的图书馆相比，医学图书馆的服务对象主要指通过各种途径利用或获取医学信息资源的个人和团体，主要是医学院校

的教师、学生、科研人员、管理人员、医院的医护人员等，范围相对特定、面比较窄。系统外具有医药信息需求的社会用户较少。主办单位的行业性决定了图书馆文献信息资源的学科专指性，文献信息资源的学科专指性又限定了以其为依托的用户服务对象决定了服务对象的专指性。

③服务对象的层次性。医学信息用户分为"医学专业用户""医疗决策和管理机构""医疗企业""病患及家属""关心健康的普通大众"。基于不同类别的用户，由于其特征的不同，因此，所需要的信息侧重性和类型也存在一定的差别，这就使医学图书馆信息服务的对象呈现出明显的层次性。

④服务内容的准确性与科学性。医学图书馆用户服务的内容基本上以医学信息的提供、加工、分析、综合为主，以医学专业人员为主要服务对象，主要应用于医药研究、临床治疗等方面。服务对象所从事的医药行业特性决定了医学图书馆所提供的知识、信息必须具备极高的准确性和科学性，从而能够保证其相关应用能实现积极效用而不会导致恶性结果。而对于医疗决策和管理机构、医药企业、患者和家属、普通大众来说，信息内容的准确、科学与否，也在很大程度上影响着其政策的制订、产品的研发等。

⑤服务范围的广泛性。现代医学图书馆的信息服务范围具有广泛性，除了有文献搜集、整合、管理、借阅等传统服务方式外，还有网络技术、通信技术等现代化服务方式，同时还可以拓展至数字化服务领域。

（三）医学图书馆用户服务的意义及作用

1. 医学图书馆用户服务的意义

其一，直接体现了医学图书馆的性质、职能、方针和任务。图书馆的性质只有通过图书馆的服务活动才能体现出来，其体现的程度完全取决于服务工作满足用户需求的程度，图书馆的职能也是通过服务工作才得以体现的。若离开医学文献信息资源的开发利用，离开为医学信息用户服务的工作，医学图书馆也就失去了其作为专业图书馆存在的必要性。医学图书馆的根本任务是为医疗、医学科研、医学教育工作提供文献信息保障服务，所有这些都要落实到医学图书馆的服务工作中去，都要通过为用户服务的活动来体现。否则，再丰富的资源，再先进的技术和设备，也是枉然。

其二，使医学图书馆实现了自身的社会价值。医学图书馆的社会价值取决于它的文献信息资源价值。因为图书馆的社会职能最终是通过文献资源流通、完成文献与用户的结合来实现的。而要实现这一结合，必须使文献资源进入流通、利用的过程中。流通的效率和利用效果则在于图书馆能否向用户提供优质服务。为用户服务得越好，医学图书馆文献信息资源的作用也就发挥得越充分，医学图书馆的社会价值也就越高。从这个意义上说，医学图书馆的形象好坏、社会价值大小，完全是由其用户服务工作的好坏决定的。当服务与需求两者同步、和谐一致时，医学图书馆就能充分实现自身所具有的价值。

其三，是衡量医学图书馆业务工作的尺度。用户往往会根据服务工作的优劣来评价图书馆工作的好坏，而图书馆的其他业务工作，必须通过用户服务工作才能得到检验。如收集的书刊数量和质量如何，哪些有用，哪些用处不大，哪些缺藏，分类、编目是否正确，目录体系是否健全完善、文献资源的管理是否科学系统，规章制度是否合理等，都能在用户服务工作中得到衡量和检验。

其四，是文献信息资源与用户之间的桥梁和纽带。医学图书馆的功用不仅仅在于"藏"，更重要的是如何"化藏为宝"，实现文献信息资源的充分开发与利用，最大限度地满足医学信息用户对文献信息资源的需求。其关键就在于医学图书馆的用户服务工作。用户服务工作在用户和文献信息资源间起着桥梁和纽带的作用。它能解决用户信息需求的无限性与馆藏资源有限性之间、用户需求的专门性与馆藏资源的复杂性之间、用户需求的个别性与资源共享的公共性之间的矛盾。用户服务做得好，就可以使馆藏资源与用户互相沟通，紧密相连，用户的需求就可以转化为文献信息资源的充分利用。

2. 医学图书馆用户服务的作用

其一，传播医学知识信息。医学图书馆是人类医学知识的宝库，最大量、最集中地储存着人类已有的医学知识和文献，具有保存、整理、加工和传播医学知识信息的社会职能，而传播医学知识信息是医学图书馆的根本目的和工作目标。医学图书馆在其各项用户服务工作中，通过馆员的智力劳动，在馆藏医学文献信息与用户特定文献信息需求之间选择最优化的交流渠道，实现医学知识信息的传递，从而最大限度地发挥馆藏医学文献信息的社会价值。除针对行业内医学信息用户的医学知识传递外，医学图书馆用户服务对医学知识传播的作用还体现在向社会用户普及医学知识。随着社会的发展、生活水平的提高，人们的健康意识日趋浓重，迫切需要了解和掌握基本的医学知识和保健知识。医学图书馆开展的用户服务不仅要面向行业内用户，而且还兼顾具备医药信息需求的社会用户，通过相应的文献借阅、检索及咨询等服务，向社会大众普及医学知识。

其二，促进医学知识创新。作为医学图书馆传统和核心服务群体的医务人员、医学教学科研机构的学者、医学生等在其工作、学习和科研过程中不可避免地会涉及知识的吸收和创新。医学图书馆根据这些用户的医学知识创新需求广泛开展和提供深层次、多元化的知识信息保障，直接参与医学知识创新的全过程，不断孕育形成新的医学知识。如在科研选题和立项阶段，医学图书馆通过科技查新、信息调研，经过分析与综合提交具有高新知识含量的查新报告，可以帮助科研人员抓住立项课题的前沿生长点，提高立项的针对性和应用价值。在课题研究阶段，医学图书馆可以准确、全面地提供同类课题的最新信息，帮助研究人员吸取最新成果，保证课题的创新性。可见，医学图书馆的用户服务极大地促进了医学知识的融合与重组，优化了医药信息用户的知识框架和结构，促进了医药科技新知识的交流与传播，成为医学知识创新的源泉。

其三，辅助医学教育。随着医学科技的迅猛发展，国际化和社会信息化程度日益提高，这对医学生、医学科研工作者和医疗人员的专业素质和信息素养提出了更高的要求。医学图书馆针对用户进行信息素质教育，教会其"如何使用图书馆"，提升其自身获取相关信息、知识的技能，帮助用户更高效、更准确地获取知识。特别是在医药高校中，医学图书馆已经成为学生的"第二课堂"，是医学高等教育不可缺少的辅助手段，是提高行业人员素质的重要手段。此外，随着医学知识更新速度加快，医学技术从发明到推广应用的周期越来越短，医学信息用户往往会因为学习、工作和科研的需要，要了解、获取最新的医药信息，这些都可以通过医学图书馆的相关用户服务得以获取，从而实现继续教育和更新医学知识、技能的目的。

其四，辅助医疗实践。现代医学图书馆的用户服务已经不仅包含传统的借阅、咨询服务等内容，而且还针对更广泛的用户群开展延伸服务，发挥对医疗实践的辅助作用。如当医疗工作人员针对某一病人的具体病症进行治疗时，便可利用医学图书馆提供的信息咨询、定题服务等，来获取与这一病症相关的临床实践经验、科学研究证据等资料，并将这些资料与临床医生的个人治疗经验进行适宜结合，从而将最正确的诊断、最安全有效的治疗以及最精确的预后估计提供给患者。医学图书馆也可以利用本身丰富的文献信息资源，在实践中采用阅读疗法作为治疗病人的辅助手段，使患者通过阅读有意或无意地获得情感上的支持、认同，并使其通过体验作者设定情境中的恐惧、悲伤等，使内心的焦虑得以释放，使情感得到净化。此外，阅读还有助于患者通过心理活动和作品内容之间的整合产生领悟，使治疗获得更好的效果。

二、医学图书馆用户的基本特点

（一）信息需求的特点

其一，信息意识参差不齐。医学图书馆用户可以分成医学专业用户、医疗决策机构与社会大众、医药企业以及病患和家属等几种类型。不同类型的信息用户自身的信息素质与意识都是不同的，且存在相当大的差别。相对于社会大众、病患和家属及医药企业来说，医学专业用户和医疗决策机构人员信息素质较高，也拥有较强的信息获取、利用意识，而医药企业、病患和家属的信息素质与意识往往又强于一般的社会大众。就医务人员而言，不同年龄层次、不同知识背景的医务人员其信息素质和意识的差别都很大：年龄层次较轻的医疗工作人员一般具有良好的临床经验，又熟知计算机及网络信息获取技术，加之良好的外语水平，往往成为医学图书馆中信息素质较高、信息意识较强的用户群体；而年长资深的医务工作者常常只依赖自己多年的工作经验，加之计算机及网络知识的欠缺，往往还停留在阅读纸质出版物的水平上，对当前信息时代的数字化信息缺乏渴望，难以接受以网络方式搜索信息，比较依赖传统途径。此外，许多专家、学者虽然不能亲自去图书馆查找信息，但是具有良好的信息意识，能够敏锐及时地提出信息需求并指导学生、一般医务工作人员进行信息获取；而病患和家属、一般社会大众往往直到自身（或他人）患病或某种疾病引发公众注意的时候，才会想起获取相关信息，寻求医学图书馆的服务。

其二，信息内容要求特殊。随着医学的发展及医学信息在各个领域的渗透，医学图书馆用户群体也向着社会化、开放化的方向发展，用户结构从单一的专业型发展成既有专业用户，又有非专业用户，进而直接导致需求内容从学术研究向社会生活的全方位、多层次、多功能转变，用户对医药信息的需求逐渐从单纯的学术研究扩展到社会生活的各个方面。为了提高生活质量和生命质量，用户除了需要学术研究信息之外还需要一些基础医药知识。医学图书馆用户要做很多工作：解决临床疑难病例；承担医学科研任务、撰写科研论文，从事教学工作；更新知识、接受医学教育；开发新技术、新产品，熟知相关规章制度、市场状况；求医问药、防治疾病获取保健信息。整个用户群体的信息内容需求呈现出多元化、多层次的态势。

其三，信息技术要求较高。网络在全世界范围内的广泛应用，迅速改变了图书馆的生存环境，用户也对图书馆的用户服务技术提出了全新的要求——现代化。目前，各种搜索引擎、下载技术、网上资源重组技术等被广泛应用。大部分医学图书馆的网络条件都比较成熟，多元化信息处理硬件设备齐全，建有各种类型的数据库、网站，而且都藏有电子文献。为了能够更方便及时地获取各类信息，大多数用户都选择了现代化技术手段。

其四，信息载体要求趋向电子化。电子文献以其传递速度快、图文并茂、交互性强、生产成本低、出版周期短、可对信息进行各种处理、检索不受时空限制等优势，满足了现代人对信息传递的需求。医学图书馆用户对于信息载体的需求已逐步趋向电子化，人们都倾向于利用相应的网络检索工具获取、利用数字化信息资源。当然，电子文献有对系统的依赖性强、易损伤、毁坏，安全可靠性较低等弱点，不能满足人们传统的阅读和书写要求，因此它不可能完全取代纸质文献，纸质文献仍将在图书馆用户服务中发挥重要作用。

其五，信息内容个性化。由于医学用户的各方面都有所不同，甚至存在一定差异，所以，当他们查找信息资源时，便更具针对性，更为个性化。医学图书馆应利用先进网络推送技术，根据用户个体信息的需求，将信息内容进行分类，并及时更新动态，这种具有针对性的个性化网络服务目前已经成为医学图书馆用户服务的一种新模式。

其六，信息获取自助化。目前，医学信息用户的核心群体是医学教学研究机构的学者、医生等。他们的外语水平以及信息素养等都相对较高，特别是其兴趣、思维等，都与网络有着密切的联系。对于信息技术的跟踪与追求，他们都有着极强的自主性与自助性。现代医学用户更喜欢简洁，他们希望能够通过一个节点进入系统，并能在一个系统界面中完成多项相关信息的自助检索。

其七，信息传递实时性。图书馆与用户之间可以通过信息资源的网络化传递而构建一个交互、动态平台。大部分用户都希望图书馆能够发挥其网络技术优势，为其在线解答各种信息咨询，或进行在线实时交流。在此过程中，用户所需信息以及相关的信息反馈等，都能在第一时间被传递并被获取，这一点，充分体现了医学图书馆即时服务的特点。

（二）心理方面的特点

其一，用户心理的职业指向性明显。医学图书馆的服务对象以医学专业人员为主，职业和工作的特殊性必然使其获取信息的心理具有明显的职业指向性。例如，临床医务工作者希望获取医疗实践信息，医学专家希望获取医药科研领域最新的动态与成果，医学生希望获取自身知识框架中有所缺失的相关知识信息等。虽然他们由于各自身份定位的不同而导致其具体的获取信息的心理有所差别，但不可否认，这些个体的信息心理都带有明显的行业烙印，这使得医学图书馆核心用户群的团体信息心理表现出惊人的、一致的医药行业指向性。医学图书馆用户心理的职业指向性在很大程度上决定了其用户服务要以"医药"为基础开展，在逐步深化"医药"服务的基础上再并行拓展其他相关业务，满足用户群体的心理需求，增强医学图书馆的吸引力，实现用户服务与用户需求的最佳匹配。

其二，用户心理的结构化明显。现代医学图书馆用户作为一个团体用户，由许多不同能力层次的个体用户组成，而不同能力层次的个体用户又相应地具有不同层次的信息需求心理。正是这种差异性的存在，使得整个医学图书馆用户团体的信息心理形成了一个层次较为分明的结构化框架，即直接型心理、揭示型心理、研究型心理。

其三，用户心理的技术倾向性明显。网络时代的到来，通信技术、计算机技术的快速发展，使得医学图书馆用户处于一个社会化、网络化的环境之中。网络作为一种信息通讯、数据传递和资源共享的方式和手段，具有无比的优越性，它的高效率、全球性、虚拟性等极大地改变了人们学习、工作和生活的方式。而大量资源搜索、组织技术的出现和广泛使用，大量信息资源的数字化，大量实时、自助技术手段的出现，也给医学图书馆用户适应社会的网络化带来了契机。外在社会因素的巨大改变，不可避免地使医学图书馆用户的信息需求心理开始带有明显的技术倾向性，尤其在年轻的用户群体中，这种倾向性更为明显，用户希望能够通过更加现代化、个性化的技术手段，来实时获取图书馆提供的各项用户服务及产品，并获得自助式的信息需求的满足。

三、医学图书馆的用户教育

（一）用户教育的基本内容

1. 信息素养的教育

就目前而言，医学图书馆的用户信息素养教育主要集中在信息意识教育、信息知识教育、信息能力教育、信息筛选与评价教育以及信息道德与法律教育等方面。这些教育对于医学图书馆的用户而言都十分重要。

信息意识教育主要是人们在各种信息中所产生的一种自觉的心理反应。人们通过信息可以获取大量的知识，并通过对这些知识的加工及处理形成一定的观念，从而得知自己的实际需求。

用户可通过信息意识教育，获得自觉捕捉、分析、判断、吸收信息的能力，从而更清楚地认识到信息在整个知识经济时代的价值。任何信息活动都需要信息知识的支持，因为它是信息活动的基本原理、基本概念以及基本方法。用户可通过信息知识教育而获得基本原理信息的方法以及规则，并懂得如何检索信息，如何传播和管理知识等。用户只有具备了获取信息、加工信息、创造信息以及合理利用信息的能力，才能更好地解决各种问题，而信息能力的教育正好能帮助用户拥有这些能力。事实上，在信息活动的诸多环节上，批判性思维和评价能力都发挥着各自的作用。其主要是对信息问题进行相应的评价和调整，以及对调查数据的来源、信息检索系统、信息收集工具等自身的局限性产生怀疑，而后通过各种渠道以及多元化方式方法将该局限进行最大限度的弥补。

因此，信息筛选与评价教育对于医学图书馆的用户而言是极其必要的，信息道德与法律教育对于医学图书用户而言也是极其必要的。因为通过对信息道德以及法律知识的学习，用户在对信息获取、交流以及使用时，对其言论自由与审核制度会以辩证的眼光去看待，而且，用户通过信息道德与法律的教育可以增强自身的社会责任感，并遵守信息安全法规，尊重信息作者的知识产权等。

2. 循证医学的教育

由于医学图书馆用户大多是从事医疗卫生的工作人员，因此，对医学图书馆的用户进行循证医学有关知识的教育是必不可少的。医疗卫生人员接受循证医学教育无疑是终身学习的重要途径，因为，对于医疗卫生人员来说，极其重要的专业能力，可以通过实践循证医学教育得到极大的提升。当然，医疗卫生人员除了要阅读医学文献以外，还应当学会如何鉴别医学和其他相关学科的文献，要在循证实践过程中充实知识、更新观念，将需要解决的具体问题在临床实践中提出来，并对文献进行具体且严格的评价分析，而后明确其真实性与临床应用价值，从而将最佳证据用于临床诊断与治疗决策中，并在此基础上获得相关疾病诊断、治疗、预防的前沿信息。因此，医学图书馆对医疗卫生人员开展循证医学教育意义重大。对用户开展循证医学方面的教育，指导医疗卫生人员对获得证据的可信度和临床实用性进行严格评价，为医疗卫生人员检索和获取临床证据提供了有力保障和支持。因此，医学图书馆应借鉴国外先进的用户教育经验，积极开展用户的循证医学教育与实践。

（二）用户教育发展的基本策略

其一，理念。用户教育是一个动态发展的过程，其内涵与外延在不同时期会发生相应的变化。因此，相关人员应当顺应时代的进程，认识和理解现代用户教育的必要性和迫切性，特别是针对医学图书馆用户教育自身所应具备的专业性与特殊性。为了对用户群体的个性与共性需求有更为深入的了解，相关人员应当注意观察用户群体的行为，研究用户群体的心理，对用户群体资源的整合进行强化，实现人性化教学管理体系，并为用户提供公平的培训机会和受教育机会，使他们获取更高的知识、信息技能本领，在提升用户个体能力的同时，完善其人生品格，让用户充分理解信息就是力量、就是财富，用户教育不仅仅是个体的需求，也是全社会的需求。

其二，内容和手段。信息技术的应用、信息资源类型的增多、信息检索手段的电子化和网络化都影响着用户教育的内容和形式。调整和更新用户教育内容是图书馆必须切实实施的工作。在内容上，对用户的教育不能只停留在图书馆介绍文献检索课的教育上，应将教育目标提升到信息素养水平的教育上，不能只教育用户如何查找信息，更要根据信息素养知识体系设计教育内容，包括信息意识、信息知识、信息能力、信息筛选与评价、信息道德与法律等都需进行教育，同时还要结合医学图书馆用户的特点，开展循证医学知识教育，这样才是与时俱进，并且具有实用性、针对性和科学性。在教学手段和教学形式上可灵活多样，图书馆用户教育实施多媒体教学或网络教学的趋势日益明显。信息技术的发展为用户教育部门实施多媒体教学或网络教学提供了基础条件，图书馆的技术部门要建设安全、快速的网络软硬件平台，用户教育馆员需熟练掌握基本的网络技术和多媒体技术，如此才能使多媒体教学、网络教学的效率更高，使更多的用户掌握自主式的学习方法。

用户教育是一项实践性非常强的工作，加强实践环节非常必要。一定的实习场所和实习设备是提高用户教育效果的必备条件。医学图书馆应该建立专门的检索实习室，实习设备能够满足手工检索、计算机和网络检索的要求。

通过图书馆网站进行用户教育，还应该设计友好的用户教育页面，保持网络系统的稳定性，保证用户的浏览和下载速度。用户教育的师资队伍建设一直是图书馆工作的薄弱环节。开展用户教育的馆员经常是临时安排或根据兴趣自愿承担的，其水平有限，会直接影响用户教育的质量。图书馆应该培养出专门的用户教育馆员，设置专门的用户教育管理人员，如国外很多图书馆都设有用户教育计划的协调员。在国内及香港一些大型高校图书馆一般都有一支专门的读者教育队伍，他们一般由一个团队或小组组成，共同负责全校的读者教育工作。图书馆应该重视对用户教育馆员的培训，为他们创造继续教育的机会，循序渐进地建设和壮大用户教育的队伍。为了不断提高用户教育服务的质量，图书馆对用户教育馆员应该按照一定的标准定期进行评价，对他们的业务能力、组织协调能力、教学效果、敬业精神、与用户的关系等进行评价。

在图书馆的诸多工作中，用户教育工作可以说是最为重要的，因此，建立科学、合理的用户教育管理体系对于图书馆的管理工作而言是极其必要的。图书馆管理部门可以通过对管理思想、管理模式、管理方法等的调整，给用户教育部门提供更多支持。其应在信息素质教育体系中开展用户教育工作，并进一步确立"信息素质教育主阵地是图书馆"这一意识，确立图书馆员在用户教育工作中的地位和作用，支持用户教育馆员的继续教育，创建多元化的用户培训模式，协调其他部门与用户教育部门的关系，对用户教育目标的确立、内容的完善、标准的制订、评价的实施等具体工作给予指导。另外，还要实现先进的教学设备保障与充足的资金保障。

四、医学图书馆的用户科技查新服务

（一）查新的类型

其一，立项查新。其是在项目立项之前进行的，目的是查清申请项目在国内外是否已有人进行研究，取得了什么成果，或者目前的进展情况，从而判断申请项目是否具有新颖性，为项目立项提供客观决策依据。

其二，成果鉴定查新。成果鉴定查新是对成果实施奖励和推广应用的前提。通过查新，查清该成果在国内外是否已有文献报道，是否具有新颖性，以为科研管理部门和专家鉴定提供客观依据。

其三，专利申请查新。由专利局专业人员检索美、俄、英、德、法、日、瑞士等国家和《欧洲专利公约》《国际专利合作条约》公布的专利文献及本国专利文献，对申请专利做出新颖性评价。

其四，科技论文发表查新是一些核心专业期刊编辑部对发表某篇科技论文的要求和前提条件，通过查新证实该论文目前在国内外尚未发表以及他人也没有发表与之相同的论文。

（二）查新的性质

与一般的文献检索和信息咨询有所不同，查新具有鉴证性。一般的文献检索和信息咨询主要是针对具体课题的需要来提供相应的文献线索或信息，但并不会分析和评价该课题。而查新则是一项信息研究工作，且主要以文献检索和信息调研为研究的主要手段，通过对检索结果的综合分析，来对查新项目的新颖性进行审查，从而写出查新报告，且这是一份有依据、有分析对比、有结论的报告。不仅如此，该报告还具有一定的权威性，国家查新机构会在报告上盖上专用公章，该报告便成了专家评议和科技管理部门的可靠依据。当然，也正因如此，其对于相关检索年限、程序、范围的规定也是十分严格的，最主要的是，要求其结论具有鉴证性。由此可见，查新具有鉴证性，且其主要任务是总结和

整理那些科技项目的新颖性。

当然，查新与专家评审也是有区别的。专家评审的主要任务是以专家本人的专业知识、相关经验等来对被评估项目的科学性、实用性、新颖性等做出一系列评价。而查新主要是依托信息人员，对所需文献以及项目进行对比分析，从而为项目新颖性做出结论。也就是说，由于专家评审和查新的依据基础的不同，所以其评价内容也不相同。

（三）查新的作用

其一，为科研立题提供科学论证依据。在确立一个科研项目之前，我们要先分析一下项目是否具有可行性。第一，我们要掌握该项目的过去状况、发展趋势，以及完成该项目所需的一些技术和设备能力；第二，在取得研究项目结果后，还需要对其进行情报调查分析，以进一步预测其实用性。当然，这些问题在立题前都需要通过查新咨询来获得充足的文献依据，这样才能够在极大程度上减少科研工作的低水平重复。

其二，为鉴定、评价科研成果提供客观依据。评级机构只有掌握了充足的文献，且通过查新工作对相关文献以及本项目相关的技术水平、内容、指标等进行对比分析，之后再根据对本项目新颖性的评价，对该成果在国内外是否有类似或相同研究进行判断，并以此作为专家和管理部门的客观依据，才能对科研成果的鉴定和评价做出客观、正确的评价。

（四）查新的程序

第一步，查新委托。查新委托人持所需查证的新颖性的相关材料向查新机构提出查新申请，填写查新委托书，并提交相关材料。项目立项查新需提交的材料是项目申请书（合同书），重点是项目研究内容、所采取的研究方法和技术路线、项目查新点。成果鉴定查新需提交的材料有两样：一是项目技术工作总结；二是项目研究所发表论文的原件或复印件。

第二步，委托受理。根据《科技查新规范》的有关规定，查新机构应对查新项目是否属于查新范围而进行判断；查新机构应对查新项目所属专业是否在本地机构承担查新业务而进行判断。受理查新委托后，让查新员和查新委托人面谈，确认查新点，然后按照《科技查新规范》的要求与查新委托人签订查新合同。

第三步，文献检索。查新员根据查新项目的研究内容、所采取的研究方法和技术路线以及创新点，进行规范化的文献检索。即确定检索年限一般在

10～15年；选择具有针对性、质量高、覆盖面大、有权威性的检索工具；制订检索策略。

第四步，分析对比。在认真阅读检出的相关文献全文的基础上，通过相同对比和单独对比的分析方法，找出查新项目在研究内容、研究方法和采取的技术路线以及相关指标等方面的不同点，从而得出新颖性结论。

第五步，撰写查新报告。查新报告是查新工作的最终体现，是查新机构就查新事务及其结论向查新委托人提交的书面形式的材料。

第六步，审核。查新审核是保证查新质量的重要环节，查新员完成查新工作后，要将全部资料交给高级职称人员做最终审核。主要是对文献检索质量和查新报告质量进行全面的审核。

第七步，查新资料归档。在查新报告出来之后，相关人员需要按照档案管理的相关要求，对项目申请书、查新合同、查新报告、相关附件等，及时进行归档管理。

第七章 医学图书馆工作人员的素质培养

图书馆工作人员是整个图书馆事业的灵魂。图书馆工作人员在整个图书馆工作中处于主导的地位，是图书馆事业的主体。图书馆虽然有诸多构成要素，但最重要的、起决定作用的要素是图书馆的工作人员。图书馆工作的好坏，事业的兴衰，在很大程度上取决于馆员的素质。本章分为医学图书馆工作人员的重要性、结构与素质、培养途径和职业道德四部分，主要包括医学图书馆事业的灵魂、医学图书馆工作人员理想的结构模式、国外医学图书馆的人才培养途径、国内外图书馆职业道德规范建设现状等内容。

第一节 医学图书馆工作人员的重要性

一、医学图书馆事业的灵魂

人是生产力中最活跃、最积极的因素，也是推动现代社会发展和进步的最活跃、最积极的因素。在世界上一切事物中，人是最宝贵的资源，其他自然资源和社会资源都要靠人去开发与利用。当今世界，各国之间、各行各业之间的竞争归根到底是人才的竞争。

早在1929年，我国图书馆学家陶述先生就提出，"图书馆，其要素有三：书籍、馆员与读者"。其把图书馆工作人员作为图书馆的三大要素之一。

从系统论的角度来分析图书馆的构成，可以把涉及医学图书馆的各种要素划分为资源、管理和服务三个有机的组成部分。这三个组成部分中哪个部分都离不开人。资源不仅指馆藏信息资源，而且包括除信息资源之外的各种设备、设施等，离开了人，这些资源就不能发挥任何作用。管理更是离不开人，只有人才能将图书馆的各种资源结合起来发挥最佳效用。医学图书馆和其他专业图书馆一样，是学术性的服务机构。医学图书馆的服务就是医学图书馆工作人员利用图书馆的各种资源，最大限度地满足读者的各种需要。图书馆向读者提供各种服务，更是离不开图书馆的工作人员。所以医学图书馆的工作人员是整个医学图书馆事业的灵魂。

二、信息资源管理者

首先，医学图书馆的馆员是图书馆的印刷型资源、数字化资源等的管理者，图书馆文献信息的收集、组织、保存等服务工作都需要馆员来做，医学图书馆的馆员还需要做图书馆资源的策划、协调和创新管理工作。

其次，医学图书馆馆员是组织机构知识资产的管理者，要负责医学图书馆数据库的建设和维护工作，负责组织机构知识资产信息的标准化组织、永久性保存以及学术成果的网络发布、交流、开放、存取等工作。

最后，医学图书馆馆员负责学术交流过程中产生的增值信息管理，这些信息包括科研人员和医学图书馆馆员之间的交流信息、学术界的交流信息等。医学图书馆馆员要参与科研活动，进而得到科学研究过程中的信息，从而将其建构成复合数字对象，以便于对信息进行深层管理。

三、服务的宣传者和推广者

医学图书馆馆员要参与到用户的科研活动和学习活动中。医学图书馆馆员要让图书馆的用户形成一种意识，馆员能够帮助用户及时解决问题，馆员也要及时发现潜在的问题，事先帮助用户解决问题。医学图书馆提供这些服务的一个前提是用户需要了解医学图书馆的服务内容。

第二节　医学图书馆工作人员的结构与素质

一、医学图书馆工作人员理想的结构模式

（一）建立医学图书馆工作人员合理结构的理论基础

系统论认为，凡是系统都有结构和功能，系统实际上是结构与功能的统一体。系统内部各个要素之间的关系形成了系统的结构，系统的结构决定着系统的功能。不同的结构会产生不同的功能。结构的合理性，决定着整体功能的放大或缩小。结构合理，相得益彰，整体功能就会大于各要素之和；反之，结构不合理，内耗牵制，整体功能就会小于各要素之和。所以，最优的结构会产生最高的功能效率。作为系统科学方法之一的协同论认为，无论从自然界还是社

会领域来看，融洽、和谐、协同、合作乃各方面获得发展、取得进步的必要条件，如果一个系统内部各要素之间的合作、协调、同步、互补等作用发挥得好，那么彼此之间就会相互促进，从而实现系统整体功能的最大化。医学图书馆工作人员的队伍结构构成了医学图书馆人力资源的子系统，它在整个图书馆管理系统中是决定图书馆效能的最核心的因素，人力资源子系统的功能又取决于其结构的合理性。因此，必须构建合理的工作人员群体结构，合理配置工作人员，使其实现优化组合、人尽其才、才尽其用、优势互补、配合默契、协调一致，如此才能使整个医学图书馆工作人员队伍的功能得到充分有效的发挥，从而全面提高医学图书馆工作的效率和质量。

（二）优化医学图书馆工作人员结构的原则

1. 整体性原则

所谓整体性原则就是要从整体上对工作人员群体结构进行全面规划，统筹兼顾，合理布局。对人才特别是同类型人才相对过剩的部室和机构要进行适当疏散、合理分流。

2. 协调互补原则

科学合理的医学图书馆馆员结构的各个要素之间应当是相互协调的关系，各个要素要能够在知识、技能、气质等方面相互补充。互补原则指医学图书馆中的所有个体在专业、智能、能级、年龄等方面各有特点，互相补益，从而形成一个有机协调的整体。

3. 动态性原则

医学图书馆工作人员群体是一个动态系统，其结构的合理是相对的，既要保持相对稳定，又要在动态中把握规律。人才群体中的动态性要素非常多，如年龄结构会不断变化，不同层次的人员由于工作岗位的变动会导致结构的变化。

医学图书馆的人员结构管理需要注重人员结构发展趋势，要根据实际情况的变化不断调整措施，科学管理人才群体的发展，人才结构的调整要将图书馆的用户和图书馆的发展作为依据，保持队伍的生机和活力。

4. 适应性原则

最佳的人员总体结构，必须是既立足当代，又面向未来，能够适应时代发展趋势的结构。人才总体结构不仅要适应医学图书馆现代化建设的要求，而且要对医学图书馆的现代化建设发挥积极的能动作用。

(三)医学图书馆工作人员的基本构成

医学图书馆的工作人员一般由管理人员、业务人员和后勤保障人员构成。管理人员包括党、政、工、团的领导干部，行政管理人员，业务管理人员，后勤管理人员等。业务人员主要从事图书馆的业务工作，这是图书馆最基本的队伍，是完成图书馆工作任务的主要力量，包括从事采访、编目、典藏、流通、参考咨询、数字图书馆的建设与维护，技术保障，数据库开发等方面的人员。后勤保障人员主要包括技术工人和工勤人员，主要从事保障图书馆正常业务开展的后勤工作。

当然这只是对有一定规模的医学图书馆而言的。在医学图书馆中，医院图书馆占了较大比例，而医院图书馆一般规模较小，只有几个工作人员的医院图书馆不在少数。而这部分图书馆的管理人员、业务人员和后勤保障人员的分工不十分明确。管理人员也要从事业务工作，业务人员也要完成一些后勤保障工作。

(四)医学图书馆工作人员的结构

医学图书馆工作人员的结构分为数量结构和质量结构两个方面。数量结构包括人员总数、不同性别及各个年龄段的人数、各级职称的人数、各种学历水平的人数、各种专业的人数、领导人数等，凡是与人员数量有关的都属于数量结构。但是，数量不可能单独存在，它总是与质量融合在一起。而且医学图书馆工作人员的数量与医学图书馆的藏书量、所服务的读者人数、开架方式、开馆时间、图书馆布局等有关。

1. 专业结构

专业结构指在一个图书馆内部具有各种专门知识与技能的人才构成的一个系统。医学图书馆事业是一个全面的知识结构。科学技术的发展使各个学科和专业的划分变得更加细致，各个学科交错纵横，多个学科之间相互渗透，共同发展，边缘学科在这个过程中不断产生。

因此，科学技术工作需要多种相关学科的专业技术人员互相结合，共同攻关。需要保证各个专业的人才全都具备，安排好合适的比例，各个专业的人员相互配合，各部门之间相互协调，从而形成科学的专业群体结构，从而获得最佳效果。

医学图书馆工作人员的专业结构应该包括医学、图书馆学情报学、计算机科学的信息技术人员等。他们在不同的岗位上各司其职，各展所长，如此才能有效地满足读者的信息需要，提高医学图书馆的服务水平。

2. 年龄结构

年龄结构指图书馆中不同年龄的工作人员所占的比例及其构成形式。年龄结构和事业继承之间有着密切的关系。医学图书馆是一个不断发展的有机体，在不同年龄的馆员的交替中不断发展。

年龄结构不同的馆员拥有不同的知识、工作能力和工作经验，适合的工作也不同。科学合理的年龄结构要包括年长者、中年人和青年人，各个年龄层的人达到环境比例，并使整个年龄结构实现动态平衡。科学合理的年龄结构能够使各个年龄层的人充分发挥自己的才能。

医学图书馆的工作非常丰富，各种工作之间相互区别。一些工作适合年长的人完成，有些任务需要年富力强的中年人去解决，有些需要精力充沛的年轻人去完成。

3. 知识结构

知识结构指图书馆中不同知识水平的人的合理组合及其相互关系。人的知识总是有多少、深浅、高低之分，一般来说与各自接受教育的程度、获得的职称成正比。在一个图书馆中不可能也没有必要所有成员都具有同等的知识水平。全部都是初级职称不行，全部都是高级职称也不行。让拥有高级职称的人才去完成低级职称的工作是人才的浪费，让拥有低级职称的人才去完成高级职称的工作也不行。

因此，一个具有一定规模的图书馆，科学的知识结构需要包括初级、中级和高级的知识水平的工作人员，需要根据科学的比例形成知识结构。这种知识结构还要根据社会的不断发展及时调整，从而保证各个知识水平的工作人员在各自的岗位上发挥自己的才能。

4. 性格结构

性格指一个人在对人对事的态度和行为方式上所表现出来的心理特点，如活泼、沉静、勇敢、懦弱、直爽、粗暴等。性格是人的高级神经活动在思想行为上的表现。性格决定人的行为方式，也往往决定人的命运。人的行为方式，常常表现出他的性格。医学图书馆的工作人员各有不同的性格，但总体归结起来只有内向型和外向型。医学图书馆工作人员组成合理的内外向型互补结构，有利于工作的开展。医学图书馆的工作多种多样，不同的工作需要性格各具特色的工作人员，如果只有单一内向型或单一外向型的人员，会给工作带来困难。医学工作人员的性格结构，应内向型和外向型都有，以便互补协调，但具体到各部门，则应根据该部门的性质与特点，确定工作人员的合理结构。

5. 性别结构

医学图书馆应按照一定的性别比例来安排工作人员，使其性别结构更趋合理。就工作性质来说，医学图书馆的工作同其他类型的图书馆一样，比较适合女性来做，而现实情况确实是女性多于男性，中外图书馆大多如此。一般而言，男同志善思索，有较大的魄力，敢于创新，但不太灵巧、细心；女同志细致、耐心，但魄力欠缺。医学图书馆的工作，不仅是一种知识服务，是一种脑力劳动，同时也有大量的体力劳动，所以男女工作人员应各占适当的比例。

二、医学图书馆工作人员的素质

素质主要指人先天的解剖生理特点，主要是感觉器官和神经系统方面的特征，是人的心理发展的生理基础，是表现在人身上的那些经常的稳定的本质的特征，如性格、兴趣、毅力、气质、风度、智慧等。随着社会的发展和科技文化的进步，素质这一概念不仅用来表示生理学上的特征，而且用来表示人在先天禀赋的基础上通过后天实践、修养而形成的基础条件和内在要素。

（一）医学图书馆工作人员的基本素质构成

人的素质内容丰富而广泛，医学图书馆工作人员的素质构成主要涉及思想素质、业务素质、智力素质、能力素质、身体素质、心理素质等方面。

1. 思想素质

在医学图书馆工作人员的素质要求中，思想素质和职业道德起着重要的作用。实践证明，有了良好的思想素质，其他素质可以通过个人长期的不懈努力逐步得到提高。反之，如果思想素质低下，聪颖的天资、超群的智慧则可能会成为妨碍业务素质发挥的障碍。正所谓德才兼备是精品，有德无才是废品，有才无德则可能是危险品。如果说每个人在业务素质方面各有不同，或者应该允许甚至鼓励张扬个性的话，那思想素质却是共性的东西。医学图书馆的工作人员必须要有基本的思想道德素质，即在对待医学图书馆事业中体现最基本的职业道德和精神追求。医学图书馆的工作人员要热爱医学图书馆事业，要有起码的事业心、责任感、服务意识和奉献精神，对待工作要态度积极，对待读者要主动热情。

2. 业务素质

业务素质是医学图书馆工作者从事业务工作最基本的知识和技能。医学图书馆工作人员的业务素质包括最基本的医药卫生知识、图书馆学情报学知识、信息科学知识、一门以上的外语知识等。这些方面的知识与医学图书馆的业务工作有着非常密切的联系。

（1）图书馆学知识

对于医学图书馆的工作人员来说，图书馆学的相关知识非常重要。图书馆学是研究图书馆事业的发生、发展、组织、管理以及图书馆工作规律的科学。图书馆学知识是所有图书馆工作者都应该具备的基础知识，也是医学图书馆工作人员的看家本领，无论是传统模式的图书馆工作还是现代网络环境下的图书馆工作都离不开这门基础知识。医学图书馆的工作人员只有熟练地掌握图书馆学情报学的基本理论、基本技能，才能推动医学图书馆事业更好地发展，发挥医学图书馆事业在医学教学、临床医疗、医学科研以及卫生事业管理中的作用。

（2）医药卫生知识

由于医学图书馆的服务对象主要是医药卫生领域中从事教学、医疗、科研以及卫生事业管理的用户，因此，医学图书馆的工作人员应该具备医药卫生专业及相关学科领域的基本知识，如此才能更好地做好信息服务工作，这是医学图书馆工作人员区别于其他专业图书馆工作人员的基本特征，也是医学图书馆工作人员在知识储备上的优势和专长。其如果没有起码的医药卫生知识，就缺乏做好医学图书馆工作的基础，读者服务的质量也必然会受到影响。

（3）计算机技能

随着信息时代的到来与网络技术的飞速发展，传统图书馆正在向传统图书馆和数字图书馆并存的方向发展。数字资源在图书馆信息资源中所占的比例越来越大。图书馆采用计算机自动化管理系统进行管理势在必行。如今绝大多数图书馆都实现了图书馆自动化管理。信息科学中的计算机技能成了图书馆工作者必须具备的基本技能，医学图书馆也不例外。这就要求医学图书馆工作人员掌握计算机的相关知识。

（4）一门以上的外语知识

我国的医学科学无论在科研还是临床医疗方面，整体上还是落后于欧美等发达国家的。要想跟踪并获取这些国家在医学科学领域的最新信息，就必须掌握这些国家的语言。另外，英语等西方语言在国际科学技术交流中扮演着非常重要的角色，因特网的出现又为英语的传播起到了推波助澜的作用。目前，世界上主要的生物医学数据库，都是用英语开发的，因特网上85%的网页是英文网页，90%的信息是用英语交流的。所以医学图书馆的工作人员应该掌握一门以上的外语，特别是英语，如此才能更好地胜任医学图书馆的业务工作。

此外，在知识更新周期越来越短的今天，医学图书馆的工作人员还应围绕着医学图书馆工作所涉及的知识，力求扩大知识面，掌握信息管理和知识服务的更多技能。

3. 其他素质

除了思想素质、业务素质外，身心素质、智能素质和身体素质也是医学图书馆工作人员所应具备的。图书馆工作既是脑力劳动，又是体力劳动，健康的体魄是医学图书馆工作人员完成图书馆业务工作的基本保证。医学图书馆管理者要在人力资源建设中把好"身体素质关"，防止把图书馆变成"老弱病残收容所"，同时在日常工作中要重视、关心工作人员的身心健康，使其保持充沛的精神去完成图书馆繁重的体力和脑力劳动。

智能素质包括智力素质和能力素质。智力素质主要指人的智慧、知识的广度和深度。医学图书馆的服务对象主要是从事教学、医疗、科研以及卫生事业管理的读者和医学生，医学图书馆的工作人员没有相应的知识水准，也就不可能满足他们的专业信息要求。在能力素质方面，医学图书馆的工作人员要有一定的逻辑思维能力、分析综合能力、处理和解决实际问题的能力、管理能力、研究能力、交际能力以及表达能力等。这些都是做好工作的必要条件。

（二）医学图书馆领导者的基本素质构成

医学图书馆的领导，特别是馆长作为医学图书馆的管理者和组织者，除应具备医学图书馆一般工作人员的素质外，还应做到政治素质高、业务能力强、知识结构好、健康状况优。

1. 政治素质高

医学图书馆的领导必须具备良好的政治品质和工作作风。

①要坚持正确的办馆理念，模范地遵守国家的法令，正确处理国家、部门、医学图书馆、图书馆领导和其他图书馆工作人员之间的关系，自觉维护国家和图书馆的利益。以身作则，率先垂范。

②要有理想有干劲。医学图书馆领导要有强烈的事业心和责任感，要有敢于开拓的创新精神，并勇于创新。

③要有良好的思想作风和工作作风。办事要出于公心，正确行使手中的权力。能联系群众，善于调查研究，一切从实际出发，实事求是。善于发扬民主，集中正确意见，不独断专行。关心群众，团结同志，任人唯贤，不拉帮结派。工作细致，讲究工作方法。

④要有良好的生活作风和个人情操。严于律己，宽以待人。所谓其身正不

令而行，其身不正虽令不行；所谓民不畏我严而畏我廉。要用人格魅力从正面影响同事、影响部属。

2. 业务能力强

医学图书馆领导者的业务能力主要包括思维能力、表达能力、组织管理能力等。其核心是思维能力。表达能力主要包括语言表达能力、文字表达能力、曲线图表表达能力和数据统计表达能力等。组织管理能力主要包括计划能力、决断能力和指挥管理能力。此外，医学图书馆领导者的才能还应包括洞察能力、记忆能力等。尤其图书馆馆长还应该是学者型的管理者，在图书馆学情报学领域具有较高的学术造诣和学术声望。

3. 知识结构好

医学图书馆的领导者应当具有较宽广的知识面，需要对人文知识、社会科学知识、自然科学知识等基本知识有一定的掌握和了解，特别是要对图书馆管理知识有一定的了解和研究，还需要掌握人才学、系统工程学、管理学等基本知识，了解信息论、控制论、系统论以及计算机在图书馆中的应用等。同时还要有实际的管理经验，掌握图书馆的实际情况。

4. 身体状况优

图书馆的领导特别是馆长应精力充沛、头脑清晰、思路敏捷、判断迅速，有能力处理馆务和馆际工作。能不定期地深入图书馆的各业务部门，与工作人员一起工作。在工作的同时能够掌握图书馆的第一手材料，便于及时发现问题、解决问题，以表率作用带动图书馆全体工作人员完成图书馆的各项工作。善于挤出时间锻炼身体，劳逸结合，保证有充沛、健康的体魄管好、办好图书馆。

医学图书馆的领导的政治素质、业务能力、知识结构和身体状况是有机的统一体。政治素质好是灵魂，业务能力强和知识结构好是基础，身体状况优是保证。四个要素互相联系，相互制约，相互促进，缺一不可。图书馆的领导应加强政治素质的培养，保持身体状况良好，不断提高业务能力和优化知识结构，努力实现这四个方面的最佳统一。

第三节　医学图书馆工作人员的培养途径

一、国外医学图书馆的人才培养途径

美国流传着这样一种说法，在图书馆服务发挥的作用中，建筑物只占5%，信息资源占20%，图书馆员占75%。这表明，人才是图书馆提供优质服务、使知识创新成果转化为生产力的关键因素。而在人才培养方面，国外在培养专业图书馆员方面有着成功的经验，尤其是美国、英国和日本，各有特色。发达国家在图书馆人才培养方面的成功经验，对我国医学图书馆人才的培养具有借鉴意义。概括起来，主要方式有以下三种：①吸收非图书情报专业的本科毕业生攻读图书情报学硕士；②增设专业性的图书情报学专业；③实行双学位制。此外还应十分注重图书馆员的在职教育，开展多种形式的培训等。

（一）美国

一般来说，美国的图书馆工作人员分为两种：一种是专业人员，需要具备图书馆学专业硕士和其他学科的硕士学位；另一种是非专业人员，一般指行政人员、保安及图书管理人员，要求是大学本科或专科毕业生担任。20世纪60年代，图书馆员被美国联邦政府认为是专业人员，图书馆员的待遇变得优厚起来，很多人才加入图书馆事业中。20世纪70年代，美国图书馆协会提出了"人力发展"政策，这一政策促进了图书馆工作人员素质的提高，很多工作人员被送到大学去进修。

（二）英国

1883年英国图书馆协会成立了"图书馆员培训委员会"，开设了讲习班和课程函授。1885年，英国图书馆协会举办图书馆员资格考试，通过者可以成为注册图书馆员。这个考试分为两个级别，参加第一级考试之前需要通过素质考试，参加第二级考试前需要通过第一级考试，但是伦敦大学图书馆学专业毕业生可以直接参加第二级考试。在参考者通过第二级考试并在图书馆工作三年之后可以成为英国图书馆协会的会员。在图书馆的工作经验满五年，同时发表了高水平的学术专著或论文后，可以参选最高级的图书馆员资格——研究馆员。通过这些专业化的考试，英国图书馆的专业人才的素质不断提高，工作能力也不断加强。

(三)日本

日本于1950年开始实施《图书馆法》，该法的颁布为日本在本科层次提供图书馆学信息学教育奠定了基础。东京大学于当年开始在社会学系开设图书馆学课程，但日本对图书馆员进行正规专业教育则开始于1951年，主办者是当时的日本图书馆学院。目前，日本有9所四年制的大学设有图书馆学信息学的专门系别或方向，有200多所大专院校根据《图书馆法》的要求开设了20学分制的图书馆学课程，并每年培养了上万名合格的图书馆员。日本文部科学省负责图书馆员教育和资历的管理工作，并为符合《图书馆法》要求的图书馆员颁发不同级别的资历证书。

二、我国医学图书馆员的主要培养途径

(一)学校教育

我国于20世纪70年代末开始了医学图书馆学的中专和大专层次的教育，到1985年前后原国家教委委托有关单位对医学图书情报学专业进行了学科论证。1985年4月国家教委和卫生部正式批准在白求恩医科大学设置图书情报（医学）专业，同年，面向全国招收本科生30名，学制四年（1988年改为五年学制），毕业时授予医学学士学位。之后，又陆续批准中国医科大学、湖南医科大学和同济医科大学等开设医学图书馆学情报学专业，初步形成了医学图书馆学情报学教育体系，确立了医学图书情报专业的学科地位。目前，我国医学图书馆人才培养的主要途径还是学校教育，其中本科教育是医学图书馆学情报学教育的主体，同时，研究生教育也正在逐步得到发展。近年来，我国在医学图书信息专业教育方面有了很大的发展，据有关资料显示我国已设立该专业的学校已有30余所，每年招收一大批本科生。在人才培养思路方面，主要是按照"通才"+"专才"的思路和模式来进行的，比较接近美国的图书馆学情报学人才培养模式，但在培养层次上有所区别。我国以本科教育为主，美国则是以研究生教育为主。我国本科教育的总体原则是淡化专业、强化素质、厚基础、宽口径、强能力、重实践，其本科课程体系划分为基础课、专业课、必修课、选修课四个层次，通过"模块理论"，即按照"基础课模块""专业课模块""相关课模块""方向课模块"等来设计课程。研究生教育近年来发展势头良好，部分单位如中国医科大学、中国药科大学、吉林大学、华中科技大学、四川大学等也相继设立了医学信息学硕士点或博士点。

总体来讲，我国的医学信息学教育与发达国家特别是美国的医学信息学教

育相比还有很大差距，原因就在于发达国家一般以硕士或双硕士学位培养为主，而且招生对象要求为非图书情报专业的本科毕业生或硕士生。这种"高学历"教育既符合了医学信息工作对高层次人才的需求，又可以吸引更多的学生学习医学信息学专业。

（二）继续教育

继续教育指在各种学历教育之后，以学习新理论、新知识、新技术和新方法为主的一种终身教育。我国的《教育大辞典》给出的定义是："对已获得一定学历教育和专业技术职称的在职人员进行的教育活动。它是学历教育的延伸和发展，可以使受教育者不断更新知识和提高创新的能力，以适应社会发展和科学技术不断进步的需要，是现代科学技术迅猛发展的产物。"按照继续教育面对的人员学历层次、教学内容等不同的标准，其可以分为不同的种类。

医学图书馆员继续教育的主要内容和途径有以下几种：

①短期培训。根据工作需要和实际情况，聘请相关专家就某一专题进行定期或不定期的短期系统学习，一般来讲，短期培训由该地区具有较强教学实力的单位组织实施。

②在职学习。这需要立足于图书馆的实际发展情况，大批工作人员一起在职学习是不现实的。

③讲座与学术研讨会。组织人员尽可能参加图书情报专业的各种讲座与学术研讨会，鼓励馆员与有经验的专家进行业务交流。及时解决面临的实际问题、开阔视野。及时了解国内外数字图书馆发展的新动态、新成果。结合自身的岗位工作，撰写相关的学术论文，参加学术会议交流，听取同行专家的意见和建议，在工作中不断加以改进与提高。

④外出参观学习。参观学习是一种提升水平、发现差距的最直观的方法。通过有计划地、分批分岗位地组织图书馆工作人员到相关医学图书馆学习和交流，使每位工作人员都有一个比较的标准，开阔其眼界，拓宽其思路，促使其学习借鉴外单位的先进经验与做法，不断改进和完善自己的管理手段和方法，不断提升服务质量。

⑤网络课程等新型培训方式。网络自主学习是一种能够在适当的时间、地点，以便利的形式将交互设计的、能够应答的有效信息和学习机会提供给学生的教学方式。在这方面，中国高等教育文献保障系统管理中心（CALIS）医学中心走在了前面。其借助因特网的远程教育培训系统，以 Centra 实时互动远程教学会议系统为技术平台，组织了国内外有关专业领域内的著名专家学者，

定期举办"CALIS全国医学图书馆员网络课堂"的系列讲座和讨论。目前，CALIS医学中心把网络教学作为医学图书馆员继续教育计划之一向全国医学图书馆推广，同时，建立教学效果评估和考核机制，授予学分，逐步建立医学图书馆员业务水平资格认证制度。该活动周期一般为2次/月，受到了医学图书馆界的好评。

网络课堂继续教育模式的优点在于可以大量节省图书馆工作人员因参加学习导致的路途时间的花费，让教育工作更快速、更有效，使工作者可以共享学习资源，节省时间，降低教育成本等。另外，馆员可以自主选择学习内容、学习时间及学习进度，而不受时间及地点的限制。

第四节 医学图书馆工作人员的职业道德

一、图书馆职业道德

（一）图书馆职业道德的含义

1. 道德的基本含义

所谓道德，指以善恶为标准，依靠社会舆论、传统习俗和内心信念，来调整人与人、人与社会以及人与自然之间的行为规范的总和。道德涉及人类社会的各个方面，人类社会生活可以分为公共生活、职业生活和家庭生活三大领域，与此相适应的道德规范也可分为社会公德、职业道德和家庭美德三大部分。

2. 图书馆职业道德

图书馆是一个单位的文献情报中心，是收集、整理、传递信息并提供服务的学术性服务机构，是精神文明建设的"窗口"。馆员的职业道德是从业人员在图书馆工作中应当遵循的行为规范，指从事图书馆专业的广大职工在其工作岗位上，以相应的思想、感情、态度、作风和行为去待人、接物、处事，进而完成本职工作，它是馆员在职业活动中的行为规定。

（二）图书馆职业道德的特征和作用

1. 图书馆职业道德的特征

图书馆职业道德是调整图书馆工作人员与读者、图书馆内部人与人之间关系的价值理念，其不仅会对医学图书馆的工作做出规范，而且还会对医学图书馆工作人员的日常行为做出道德要求，使其体现职业道德的特点。

（1）为读者服务

全心全意为读者服务是图书馆职业道德的首要特征。任何一种职业都需要承担起职业需要承担的责任和义务，这些责任和义务会形成职业道德规范。《中国图书馆员职业道德准则（试行）》中有图书馆工作人员的行为规范，如"真诚服务读者，文明热忱便捷""维护读者权益，保守读者秘密"等。其中，图书馆工作的根本宗旨是全心全意为读者服务，这是图书馆职业道德的核心。图书馆中有丰富的信息资源和文献资源，读者能够使用其文献资源提高自己的科学文化素质。因此，图书馆要为读者提供高质量的读者服务，满足读者多方面的需求。图书馆还要根据读者的心理特点、兴趣爱好等提供服务。

（2）专业性

图书馆职业道德的专业性指从事图书馆工作这一特定社会职业所应具备的行业道德规范。这是图书馆职业道德的基本要求，是图书馆工作人员需要具备的基本素质，能够保证图书馆工作的顺利开展。

（3）示范性

图书馆职业道德的示范性指图书馆是高层次的文化信息服务机构，对图书馆工作人员的文化素养和文化内涵有较高的要求，要比其他职业的文化素养和文化内涵要求要高。图书馆工作人员的形象素质关系到图书馆的形象，对于图书馆用户的影响力非常大。图书馆工作人员的职业道德有"师表性"的价值规范，这是图书馆工作人员道德示范性的具体体现。

（4）兼容性

图书馆职业道德的兼容性指图书馆能够保存人类的文化、发挥社会教育情报传递的功能。图书馆的社会职能非常多元，对于工作人员的综合素质有较高的要求。因此图书馆的工作人员的职业道德要有兼容性的特征。

2. 图书馆职业道德的作用

（1）规范作用

图书馆员的职业道德是通过馆员在工作中的行为规范和准则来实现的。职业道德不仅表现着馆员的道德品质和精神风貌，更重要的是制约着他们的思想和行动。一方面，馆员职业道德要求、行为和思想，应当符合服务育人的职业要求，馆员应按照服务机构的要求和读者的需要，做好本职工作；另一方面，图书馆的各项规章制度，无论内容还是形式均来源于职业道德规范。

（2）评价作用

其指读者和图书馆员依据馆员的职业道德规范对馆员的行为所做出的善

恶褒贬的道德判断，使馆员的思想和行为不断得到调整，使馆员之间、馆员与读者之间的关系得以改善。因此，优良的职业道德，可以激发馆员的事业心和责任感，提高馆员的道德觉悟，增强馆员在相应道德规范下行为的积极性和主动性。

（3）教育作用

职业道德可以培养馆员的道德意识，使之形成规范的道德行为，养成良好的职业习惯，塑造稳固的道德品质，坚定献身图书馆事业的职业信念，提高职业道德观念并使其转化为稳定的内在品质。同时，馆员良好的职业道德行为和优秀的职业道德品格，对广大读者会有潜移默化的作用。事实证明，这种教育作用，不仅是政治、法律等其他社会意识形态的手段所不能代替的，而且是职业道德本身的调节职能、评价职能所不能代替的。

二、国内外图书馆职业道德规范建设现状

（一）国外图书馆职业道德建设现状

美国学者博顿早在 1909 年就发表了《图书馆员道德规范》（The Librarian's Canons of Ethics）一文，开始探讨图书馆员的道德规范问题。直到 1938 年，美国图书馆协会才制定了世界上第一个图书馆员职业道德守则。该守则指出，不论图书馆的读者对象是社区公民、教育单位还是其他团体，其主要职责都是向读者提供知识。图书馆从业人员都应遵守与读者、上级、同事、社区公民及社会之间的行为标准。守则共分五项，分别规范图书馆员的行为、与读者的关系以及对读者应负的责任，包括馆员与上级的关系；馆员与读者的关系以及对读者应有的态度；馆员与图书馆的关系；馆员该如何看待自己的职业，以及如何提高自己的专业水平；馆员与社会的关系，以及馆员在社会中应扮演什么角色。随着事业的发展和观念的变革，其内容经历了多次修订。

日本是世界上图书馆事业较为发达的国家之一，也是亚洲最早制订图书馆员职业伦理准则的国家。1980 年 6 月，日本图书馆协会总会通过了《图书馆员伦理纲领》，同年 11 月，被日本全国图书馆大会通过，正式颁布实施。它规定了图书馆员作为职业集团的一分子，为了完成图书馆所承担的任务，履行图书馆所承担的社会责任与义务，在日常工作中应采取的态度、应尽的责任、应有的权利等。

其他一些国家如英国、澳大利亚、俄罗斯等也相继颁布了自己国家图书馆员的职业道德规范。

（二）国内图书馆职业道德建设现状

长期以来，我国图书馆界一直缺乏一套公认的职业行为规范，这不仅影响了图书馆事业的发展和馆员自身素质的提高，而且也影响了我国经济建设的发展和国民素质的提高。因此，中国图书馆学会于 2002 年 11 月 15 日通过了《中国图书馆员职业道德准则（试行）》（以下简称"《准则》"），从诸多方面为图书馆的建设和发展以及图书馆员的工作提供了建设性的导向规范。该准则是以中共中央于 2001 年 10 月颁布的《公民道德建设实施纲要》为指导，总结我国图书馆活动的实践经验，为履行图书馆承担的社会职责而制定的行业自律规范。准则的贯彻落实，有赖于图书馆员的自觉行动、图书馆领导的具体指导、图书馆组织的引导激励、图书馆间的积极合作以及全社会的支持与监督。《准则》的正文如下：

确立职业观念，履行社会职责。适应时代需求，勇于开拓创新。真诚服务读者，文明热情便捷。维护读者权益，保守读者秘密。尊重知识产权，促进信息传播。爱护文献资源，规范职业行为。努力钻研业务，提高专业素养。发扬团队精神，树立职业形象。实践馆际合作，推进资源共享。拓展社会协作，共建社会文明。

该准则是一个纲领性的文件，其中所说的图书馆，指各种类型的图书馆和信息服务机构，所说的图书馆员，指所有从事图书馆和信息服务工作的人员，并未对约束对象进一步细分，因此，每一个图书馆或相关的信息服务机构都应以此为基准，制订具有本馆特色的职业道德准则。

尽管也有学者对《准则》的内容及用语提出了一些具体修改意见，但总体来讲，它的制定，无疑对图书馆的建设、履行社会职能、树立行业形象、全面提高馆员的素质、促进社会主义精神文明建设都将产生深远影响。

三、目前医学图书馆工作人员职业道德中存在的问题

医学图书馆职业道德是医学图书馆面向医院、医药院校、科研单位等实现自身价值的重要标准，是医学图书馆文明的象征，起着对外树立医学图书馆形象，对内培养和考评工作人员思想道德素质、协调和统一群体风格的作用。所以，如何加强医学图书馆职业道德建设工作是医学图书馆界当前必须解决的重大课题。目前，医学图书馆职业道德的现状令人忧虑的地方很多，具体表现有以下几点。

（一）服务态度差

由于受长期的计划经济体制下平均主义、大锅饭思想的影响，竞争机制难以引进，工作不求有功、但求无过，干好干坏一个样等思想，严重影响了一些馆员工作主动性、积极性和创造性的发挥；有些医学图书馆仍然停留在单纯的"借还""守摊"的状态中，工作被动应付，等读者上门，"为人找书，为书找人"的理念淡薄，深层次业务得不到开展，医学图书馆蕴藏的能量，得不到充分的发挥。

（二）职业荣誉感差

其具体来说就是缺乏职业自豪感和荣誉感。这一点表现在工作上是缺乏热情，更缺乏执着精神，对读者冷淡，爱答不理，不思进取，得过且过。馆员的工作单调枯燥，不显山露水，福利待遇不高，因此，一些馆员缺乏应有的自豪感和荣誉感。

（三）人才流失，留不住人才

这是长期困扰着医学图书馆并普遍存在的问题，有些专业人才特别是男性青年分配到医学图书馆，不安心工作，认为在医学图书馆工作无法施展自己的才华，前途渺茫，没有奔头，一有机会就走，导致医学图书馆队伍不稳定，难以提高干部队伍的整体素质。鉴于上述原因，加上在经济大潮的猛烈冲击下，良好的医学图书馆职业道德的形成更加困难、更加迫切。所以，加强馆员的道德修养很有必要。

四、加强医学图书馆工作人员职业道德建设

（一）加强医学图书馆工作人员职业道德教育

职业道德教育的内容有很多，包括职业道德理论、原则和规范的教育，职业价值观和荣辱观的教育。通过加强职业道德教育，培养从业者适业、敬业、勤业、乐业、创业意识，逐步具备职业生活所必需的职业道德素质，可以从以下几个方面入手。

一是强化医学图书馆员职业道德规范意识。国外的经验证明，强调职业行业规范是加强职业道德教育的有效策略。医学图书馆作为医学教育、科研和医疗工作的文献信息保障基地，为读者提供高质量的医学信息服务是医学图书馆员的职责所在，医学图书馆员在工作中应当遵循一定的礼仪规范。在日常工作中，馆员要和读者进行各种方式的接触和交流，一个电话、一个动作甚至一个

眼神都能体现出一个馆员的职业规范意识和服务水平。提倡"读者第一、用户至上"的理念，但更应该明白，这种理念不是停留在口头上，而是体现在谦虚的态度、文明的举止、得体的谈吐、娴熟的技能、广博的知识、热情的服务等礼仪上。

二是培养医学图书馆工作人员的乐业意识。任何一个行业，从业者只有做到乐业，即对所从事的专业有诚挚的爱与执着的追求，才能做到勤业、精业、敬业。医学图书馆员就是需要有甘于默默奉献、甘为人梯的奉献和自我牺牲精神。

三是加强医学图书馆员的勤业、精业意识。这主要指从业人员对职业价值的追求及其表现。医学图书馆承担着保存医学典籍、传播医学文献信息和知识、开展社会教育等功能。其专业特点，更是要求医学图书馆员在勤业、精业方面，应该付出更多的努力。只有熟练掌握业务本领，才能真正获得读者的尊重与认同。

加强医学图书馆工作人员的职业道德教育，主要有集中学习、示范教育、自我教育、形象教育、情感疏导、批评与自我批评、舆论监督等。

（二）健全管理制度，促进职业道德的规范化

健全的激励机制是促进医学图书馆工作人员积极性和创造性发挥的必备要素。管理者应该从人才选拔能力提升、绩效考核、工资奖金分配等方面建立起公平、公正、公开，有着良好激励机制的管理制度，增强他们的职业认同感，培养他们的乐业意识，健全的激励机制是加强医学图书馆员职业道德建设的催化剂。

（三）加强自身职业道德修养

除了通过加强教育和激励机制以外，还应当特别强调自身职业道德的修养。道德规范分为职业道德、社会公德和家庭道德，而其中的每一种都离不开自身道德修养的提高，因为只有从自身的角度，主动地认识到道德修养的意义和价值，才能充分调动人的主观能动性，才能保证职业道德修养的稳定性和连续性。

加强自身职业道德建设的方法：一是学习。学习不仅是人们获取知识和技能，提高智力和能力的重要途径，而且也是进行道德修养的重要方法。二是自省。自省即自我反省。孔子曰："吾日三省吾身。"讲的就是一种自我道德修养的方法。通过自我意识来省察自己言行的过程是自我意识能动性的表现，是行之有效的道德修养的方法。三是积善。古语云："勿以恶小而为之，勿以善小而不为。"作为一名医学图书馆工作人员，许多的日常工作就是一些看似琐碎的小事，因此更应该从小事做起，想读者之所想，急读者之所急。

同时，还应该注意到，医学图书馆员职业道德的培养是一个复杂而艰巨的系统工程，要想臻于完善，必须日积月累，循序渐进，有计划、有步骤地开展常规性的教育，在许多环节上还要进行重复性教育。千万不能操之过急，奢望毕其功于一役。

（四）提高钻研业务的自觉性

21世纪的医学图书馆工作者要有新眼光与胆识，在学识上应该是学者型的，否则无法适应高科技时代的需要。作为医学图书馆领导要把提高全馆人员业务素质当作战略任务常抓不懈。作为个人，应有知识饥饿感、紧迫感，要有强烈的求知欲，要学而不厌、精益求精，要勇于研究、勇于探索，做一个有学问、有才干、有道德的医学图书馆员，走出有心无力的被动局面，为读者、为社会提供满意的服务。

医学图书馆员职业道德的教育培养，是一项长期性任务，是一个从外部到内部，从他律到自律，通过内在的自我所需和外在的客观要求两方面的相互作用逐步形成的。要立足当前，着眼长远，避免急功近利和形式主义，从每一个人做起，从每一件小事做起，在平凡的岗位上以优良的职业道德做出不平凡的业绩，为开创医学图书馆事业美好的明天，为社会主义现代化建设做出应有的贡献。

第八章 医学图书馆的数字化建设

近年来，在信息技术的推动下，我国的医学图书馆事业进入了快速发展时期。医学图书馆坚持以人为本和读者第一的理念，加快文献资源建设和自动化、数字化建设的步伐，创新服务机制，提升服务水平，不断推进医学图书馆的改革与发展。本章分为数字医学图书馆概述、数字医学图书馆的系统结构、医学数字信息资源的采集与组织、医学图书馆馆藏文献资源数字化四个部分，主要包括数字医学图书馆的产生背景、信息体系结构、技术体系结构、文献数字化处理原则、馆藏文献资源数字化的作用等内容。

第一节 数字医学图书馆概述

一、数字医学图书馆的产生背景

社会信息化和通信技术的相互结合是数字图书馆产生的前提和基础。数字图书馆有两个显著的特征，一个是文献存储形式的数字化，另一个是传播方式的网络化。

发达国家早在 20 世纪 80 年代末，就对"电子图书馆"和"虚拟图书馆"的概念进行了相关的研究和实践。进入 90 年代以后，美国大力发展的信息高速公路，成功实现了资源共享。

为迎接"网络经济"的到来，中国政府也积极参与信息高速公路和信息数字化的建设。目前，就公用数据通信平台来说，中国已基本建成了覆盖全国的多功能、多层次、高效先进、完整统一的公用数据通信平台，相继建设了中国公用分组交换数据网（ChinaPAC）、公用数字数据网（ChinaDDN）和中国中继宽带多业务网（ChinaFRN）；就因特网服务提供商来说，国家级的网络服务提供商主要有中国公用计算机互联网络（ChinaNet）、中国教育和科研计算机网（CERNET）、中国科技网（CSTNET）。覆盖全国的计算机通信网络，为我国数字图书馆的发展提供了良好的发展环境，也为我国医学数字图书馆的建设与应用提供了良好的依托。

二、中国的数字医学图书馆建设和发展状况

我国的数字医学图书馆建设以国家骨干网络为依托，也取得了一定的成绩。下面就通过国内外几个比较典型的数字医学图书馆项目来介绍其发展现状。

（一）解放军医学图书馆共享网络

解放军医学图书馆是全军医学图书馆业务指导机构，代表全军医学图书馆专业的最高学术水平。该馆相继开发出《中文生物医学期刊数据库》《中国医学学术会议论文数据库》《外文生物医学文献数据库》，弥补了我国医学专业数据库建设的不足，在一定程度上实现了生物医学期刊和会议文献资源的共享。

（二）全军医学信息资源共享网络

全军医学信息资源共享网络是一个行业性信息资源共享合作组织。它由原总后勤部卫生部直接领导，在全军医药卫生系统医学图书馆的共同参与下，由解放军医学图书馆负责牵头实施。全军医学信息资源共享网络的建设核心是数字化医学信息资源建设，目的是全军各医学图书馆和信息机构信息的资源共享，组织形式是统筹规划、集中管理，主要技术手段是分布存取和网络共享。

（三）中国医学信息网络

中国医学信息网络（China's Medical Information Network，以下简称"CMINET"）于1996年3月宣布开通，该项目由美国中华医学基金会资助，网络涵盖了11所医学院校，实现了与中国教育和科研计算机网及因特网的连接，CMINET是我国卫生系统第一个采用TCP/IP协议的广域网。CMINET的建设为我国卫生系统建立信息共享网络积累了经验，促进了不同医学单位的信息交流。

（四）CNKI中国医院数字图书馆

CNKI中国医院数字图书馆利用数字化技术，为人们提供快速、全面的信息服务与知识服务。CNKI医院数字图书馆同时为各个级别、各个类型的医疗卫生机构建设本单位的知识服务型数字图书馆提供服务。CNKI医院数字图书馆的资源组成包括医药卫生行业动态、因特网医学文献信息搜索、"中国知网"的其他数据库等。

三、数字医学图书馆的概念

数字医学图书馆（Digital Medical Library，简称"DML"）是一个基于信息高速公路等计算机网络的分布式数字化多媒体医学信息系统。它将具有较高价值的医学信息资源分散在不同的载体和不同的地理位置上，存储方式数字化，连接方式网络化，能够实现医学信息资源的共享。数字医学图书馆是传统医学图书馆的扩展，其概念可以从以下几方面加以理解。

（一）信息储存数字化

数字医学图书馆作为现代信息技术环境下的新型医学图书馆，由专门的机构和专业信息工作人员按照全科分类体系，利用多媒体数据库技术、超媒体技术等，借助软件开发平台，建立相应的用户操作环境，并在医学图像检索、视频点播和文献资料等方面提出了一套有效可行的检索方案。数字化医学资源能随时随地给用户提供大量医学信息。

（二）信息服务多元化

数字医学图书馆使读者获取知识的方式发生了转变，促使图书馆改变服务模式，提供多元化的信息咨询服务，以满足用户的多元化信息需求。数字医学图书馆一方面使传统医学图书馆的功能得到了传承，并向社会提供了传统图书馆的相关服务；另一方面，包含博物馆和档案馆在内的其他信息资源的一些功能也被融入其中，从而提供了综合的公共信息访问服务。数字医学图书馆不定期发布与其相关的馆藏目录查询信息、馆藏数据库信息、期刊访问情况，建立馆藏全文数据库、医学多媒体资料数据库，设置网上读者留言板块，成立电子阅览室等，以专业的管理提供有效的服务。

（三）信息利用共享化

在网络化、数字化的背景下，从网络获取信息成为当今社会的重要特征。信息共享使数字医学图书馆成为有机整体，使医学文献的涵盖面更广阔。通过建立资源共享的协作体系，制订一系列的协作规程，实现资源共享和信息服务的社会化，这有利于发挥馆际文献资源的综合优势，使读者快速获取文献信息，提高文献利用率。

四、数字医学图书馆的意义

数字医学图书馆是传统医学图书馆向现代化转型的必由之路，是21世纪医学图书馆现代化的发展方向。其最终目标是形成全球数字医学图书馆，实现全球医学资源共享。数字医学图书馆作为医学信息的重要载体，突破了图书馆传统的服务模式，实现了医学信息资源的高效利用和共享。数字医学图书馆面向社会公众，开展社会化服务，其用户范围突破了高校及医疗科研机构扩大到整个社会。

与传统医学图书馆相比，数字医学图书馆无论在馆藏数量、馆藏质量、馆藏结构上，还是在服务模式上，都发生了很大变化。传统医学图书馆为读者提供的信息资源仅限于本馆馆藏资源，馆藏形式单一、内容有限，图书采购所需时间较长，本馆资源很少能被异地读者充分利用。而数字医学图书馆通过数字化信息存储技术，可以收录一切可以数字化的医学信息，可以容纳的信息量也大大增加，服务范围因超越了地域的界限也变得更加广泛。利用数字医学图书馆的用户可以在任何时间、任何地点直接通过网络与图书馆联系，直接通过电脑登录到图书馆，随意浏览、下载、保存所需医学信息。同时，数字医学图书馆查找和阅读文献的方式发生了本质变化。传统的医学图书馆，一个信息资源在同一时间内，只能被一个用户使用，一旦一本资料被借走了，其他用户只能待资料被归还后才能使用，而数字医学图书馆的一种文献可供多人同时查找和下载，这在很大程度上弥补了传统图书馆资源只能供有限用户使用的不足。

数字医学图书馆的信息管理全部数字化、电子化。通过馆际协调与合作、联机编目、联机检索和联机采访等资源共享途径，数字医学图书馆间互相沟通、交流信息，可以为用户提供全方位、便捷的全球医学信息服务。它不仅为医学知识传播提供了崭新手段，而且还从多方面刺激用户对医学信息的需求。数字医学图书馆已经逐步成为医学信息中心、教学科研信息中心、终身学习社区及培养创新人才的基地。数字医学图书馆通过灵活多样的教育形式，扩大了用户的医学知识面、完善了医学知识结构、拓宽了医学信息的流通空间、提高了医学信息的传播速度，使医学信息进一步规范化、国际化，推动了医学创新和学科进步。同时，也为宣传和普及卫生健康知识、开展健康教育、提高全民健康水平发挥了重要作用。

医学信息的数据量每天都在迅速增长，大量的文献、图片、多媒体资料等被转化为数字信息，庞大的数字化信息资源对存储容量及技术的要求也日益增加。数字医学图书馆将促进我国医学信息技术的发展，并带动与之相关的计算机、通讯、网络和多媒体等技术的发展，如数字化信息的分级储存、数据备份、数据安全及优化等，带动了存储软件和服务市场的迅速扩大。建设数字医学图书馆是图书馆工作的必然趋势，应最大限度地发挥数字医学图书馆的潜能和优势，推动医学事业的发展。

五、数字医学图书馆的作用

（一）提供个性化医学信息服务

图书馆信息服务模式正在从传统的"以馆藏为中心"向"以用户为中心"转变，数字医学图书馆将以个性化信息服务作为"以用户为中心"的具体体现。个性化医学信息服务是数字医学图书馆利用现代化信息技术和数字化信息资源，向用户提供定向化的医学信息服务。个性化医学信息服务通过为用户建立个性化信息服务平台，提供数据库查询服务、信息推送服务、资源定制服务、课题检索服务及个性化页面设置等，将最新的医学信息及时地传递给用户。个性化医学信息服务加强了用户与图书馆之间的沟通，使图书馆由被动服务转向主动服务。

（二）为医学远程教育提供服务平台

现代远程教育是随着现代信息技术发展而产生的一种新型教育方式，以教与学在时间和空间上的分离为特征。它以现代信息技术和教育技术为基础，本质是虚拟的学习环境。随着学习社会化和终身化的需要，越来越多的高校在从事传统教学的同时增设了远程教育课程。

分布式超大规模、跨库检索的医学数字化信息资源库，包括电子书刊、博硕士论文、会议论文、试题库等多种形式的知识资源，可以给不同地区参加远程教育的教师和学生提供教学资源和学习资料，使教育资源的使用效率在很大程度上得到提升，同时也降低了教育成本。数字医学图书馆专门为医学远程服务机构提供远程学生个人信息查询、实践技能培训、医学文献传递、教学课程规划、教学资源评价等服务，促进了医学远程教育的发展。

（三）推动医院信息化进程

随着网络技术在医院的普及和发展，医务人员获取信息和交流信息的方式发生了转变。数字医学图书馆深入地介入医院各项工作过程，为医院带来了前所未有的发展机遇。其面向医院管理人员、临床医生、科研人员和教学人员提供数字化学习与研究平台、学术文献评价平台、知识搜索平台、个人数字图书馆等高层次的服务，在医院临床诊疗、科研创新、经营管理和品牌建设中发挥积极作用，开创了卫生事业的新局面。

（四）提高医学文献利用率

数字医学图书馆可通过资源整合，利用统一的数据库导航标准、跨库快速检索、相关信息链接等,将医学信息资源进行比较、排序,之后快捷地提供给用户,并通过友好的检索界面、多样化的检索入口、简便的结果显示输出方式等,极大地方便用户使用,提高医学文献利用率,使医学文献资源在教学和科研工作中发挥更大作用。

(五)实现全天候开馆和资源共享

图书馆多年追求全天候为用户服务的目标,但是,对传统的医学图书馆来说,用户在查阅和利用图书馆馆藏信息时,无论是在空间上,还是在时间上,都会受到一定的限制,这为图书馆用户带来了一定程度的不便。数字医学图书馆通过网络环境随时随地向读者提供服务,电子资源全天候开放,并且不受地域、行业、国界的限制,如此可以使分散在不同地理位置的信息资源得以共享,读者只要通过互联网即可随时使用所有开放的数据库的医学信息资源。

(六)优化医学文献资源配置

拥有完善因特网系统环境的数字医学图书馆,有共建和共享的技术平台。共享和共建能扩展和丰富数字医学图书馆的信息资源,提高医学文献的质量。各数字医学图书馆有各具特色的文献资源,馆藏各有所长、资源互补性强,能有效克服资源重复配置、分布不均、资金浪费等问题,实现全面的文献资源共享与共建。在配置数据库和电子文献时,可以依据自己的特点配置医学信息资源,以用户需求为导向,开展馆际协作,建立起学科门类比较齐全的医学文献资源保障体系。

第二节 数字医学图书馆的系统结构

一、信息体系结构

(一)数字对象

数字医学图书馆体系结构的基本单位叫数字对象。数字对象按照一定的规则集合在一起,就形成了数字医学图书馆这个整体。一般情况下,数字对象主要由元数据、数字资料和调度码三个元素组成。

1. 元数据

元数据是结构化的关于数据的数据,它包含一些识别对象的条件、条款和调度码。其功能是管理网络环境下的数字对象,如数字对象的存储、复制和传递的管理。在数字图书馆环境中，仅仅为内容对象设计开放的元数据格式是远远不够的。资源、服务甚至系统本身的获取、互相操作和整合需要各个层次上的元数据。从数据到服务的各个不同层次的对象的结构化描述，能够确保在数字图书馆环境中各个层次的所有对象都能用一种标准的方式来操作，从而使元数据成为一种强大的、能够提供语义功能的结构化工具。

2. 数字资料

数字资料指文本通过扫描的方式，被转换成一种数字化的形式表示出来，也就是用计算机用语中的"二进制数字"来表现文献内容。数字对象中的数字资料是数字医学图书馆的原型资料。例如，一个数字对象的数字资料可以是用 XML 标记的文本或一条记录。数字资料在很大程度上延长了传统文献资料的保存时间，有效地避免了传统文献长久保存的难题。

3. 调度码

数字图书馆的一个最重要的结构元素就是数字对象的名称。为了与其他数字对象进行区分，每一个数字对象都需要一个属于自己的名称。调度码，就是为了识别数字对象而制订的标识符。为完成各种需求的检索，在数字医学图书馆体系中，务必要对各种信息进行有效的组织。这些信息都是以基本单位进行存储的，如一段正文、一个网页、一张扫描的图片等。

（二）数据类型、结构元数据和元对象

数据类型、结构元数据和元对象这三个简单的概念是数字医学图书馆信息结构的基础和依据。为了使格式、处理方式等数据的技术属性能被描述出来，数据类型的每个数据项都有与之相关的数据类型。结构元数据指描述数字资料的其他特征的元数据，如资料的标题、种类、版本、作者、相关性等。结构元数据具有不可分割的性质，是一种不可再分的元数据，如 MARC 就属于结构元数据的一种。元对象的作用是提供对一组数字对象的引用。一个指向其他数字对象的调度码的列表就是一个最简单的元对象。

二、技术体系结构

数字医学图书馆以网络通信技术为支撑，支持数字资源从创建到提供服务的全过程。数字医学图书馆的技术体系结构是信息社会处理、存储和应用数字化信息的基本构架，是建设数字医学图书馆系统的基础。

（一）网络基础设施

计算机通信网络的发展，尤其是互联网的发展是数字医学图书馆发展的基础。数字医学图书馆传输数字信息的通道是计算机网络，建设网络基础设施需要对多个方面进行综合的考虑，如要对网络的应用模式、各种操作系统、系统的管理、技术的选择、网络安全等多方面进行综合的考虑，从而使广域网的连接和局域网的规划被完成。

（二）基础应用平台

数字医学图书馆应用系统的通用和高效的开发环境以及操作环境是通过相关系统软件和数据库软件的基础应用平台的建立获得的。由于 XML 语言是数字图书馆最重要的基本语言，因此在数字资源构建中可采用 XML 作为数字资源描述标准，从而达到确保数字资源能够在较长的时间内，在软件平台和硬件平台上处于独立位置，减少系统迁移成本，并使共享与交流更加方便的多种目的。支持基于 XML 描述的基础应用开发平台是数字医学图书馆的应用开发平台所需要的平台特征，提供一个 XML 计算引擎，并在这个计算引擎的基础上，进一步提供对数字资源进行操作的接口，是这个平台的主要功能。

（三）数字资源采集加工系统

被数字化处理或整合过的资源，是数字资源加工系统的处理对象。完成对各种电子资源等数字化信息和数字化知识的组织、加工和处理，使数字化信息资源得到深度处理，是数字资源采集加工系统的主要功能。为了满足数字医学图书馆应用系统长远发展的需要，数字资源采集加工系统支持以标准化和规模化的生产模式对资源进行处理，从而使处理过的数字化资源能够被反复利用。

第三节　医学数字信息资源的采集与组织

一、信息资源的采集

（一）馆藏文献的数字化

馆藏文献的数字化是将馆藏文献资源通过多种方法转换为计算机可以识别的二进制编码，这其中不仅包括印刷型文献，而且包括缩微型、视听型文献等，人工录入、将文献进行扫描或者拍照、对文献进行格式转换等都是比较常用的转换方法。

（二）电子出版物和数据库的采购

各种转换和录入方式虽然是主要的医学图书馆文献数字化的方法，但是直接采购某些数字信息资源的方式，则更为方便快捷。这种方式的采购对象主要是各个出版社以及专业的电子数据出版商。他们在自己的专业领域内，针对具有不同需求的用户，专门制作了大量的电子版文献、电子期刊、数据库和其他各种出版物。采购这些电子资源，一方面可以使文献内容更加精准，另一方面能够节省大量的人力、物力资源以及时间和精力成本，是非常方便快捷的信息资源采购方式。当然，直接采购的方式需要相应的经费支持，数字医学图书馆可根据实际需要及资金情况在进行资源建设时，直接向出版商购买所需的数字信息资源。

（三）网络医学信息资源的采集

随着互联网的飞速发展，大量的网络信息资源出现了，网上的医学信息资源越来越丰富。人们的网络资源意识不断加强，在采集和组织资源的过程中对网络资源的利用也越来越重视了。医学信息资源采集人员在海量的网络信息库中，寻找有学术价值的医学信息资源，并将这些资源收集和整理起来，建立资源数据库，将其收入馆藏资源之中，从而使数字化的馆藏资源更加丰富和充实。

但网络资源有优点也有弊端。在收集网络信息资源时，必须对一些问题多加注意，因为网络信息资源的质量保障性相对较低。网络上虽然不乏优质的内容，但也难免有劣质资源充斥其中。因此，医学信息采集人员在采集网络医学信息时，应该注意考虑信息资源的准确性和稳定性，还要考虑网站主体的权威性和信誉度。在大部分情况下，由政府机构、权威学术团体、正规出版商等建立的网站，通常能够提供稳定性好、可信度高的信息资源内容，医学信息采集人员应尽量多选择这些网站采集网络信息。

二、信息资源的组织

（一）目录方式

用目录方式组织信息资源的方法通常是以各种媒体的文献单元为对象，按照事先确定的概念体系将文献分门别类地逐层组织。这种方式包括文献收藏目录和书目，目录主要用于检索出版物的名称、著者及其出版、收藏单位。目录的方式有很多优点：一是能在对二次信息进行组织时，呈现出较强的专题性；二是能较好地满足族性检索的要求；三是用户可以根据规定的范畴分类逐级查看，目的性强，查准率高。

（二）索引方式

索引方式是以文献集合中包括的信息内容为对象的检索工具，如期刊论文索引、报刊索引、工具书索引等。索引方式给人们提供某一内容、特征的查找线索，所提供的内容可以深入到文献所包含的信息单元中，检索标识可以是论文的题目、名词术语、人名、地名，也可以是分子式、各种号码等。

（三）网络搜索引擎

网络搜索引擎是一种专门为组织与检索网络信息资源而使用的检索工具，也是数据库的一种特殊形式。网络搜索引擎涉及的资源类型多、形式多样、动态性强，不仅可以处理各种类型的网站资源，而且还可以连接BBS聊天室及各种电子形式的数据库，使用户可以用超文本链接的方式，访问各种形式的信息资源。

第四节 医学图书馆馆藏文献资源数字化

一、文献数字化处理原则

（一）文献价值理论原则

医学图书馆要将其馆藏文献进行数字化，首先要考虑的是拟数字化的文献资源是否有价值，值得不值得进行数字化。有些文献使用价值较高，有些文献保藏价值较高，有些文献使用价值与保藏价值都比较高，理所当然应该优先考虑使用价值、保藏价值均高的文献。对版本价值较高而使用价值较低的文献，虽然使用的人较少，为保护古籍，也应予以考虑。对于当前使用价值非常高的文献，则应该根据具体情况而定，如果使用价值确实没有持久性，可以不予考虑。

（二）濒危文献优先原则

为了抢救原始馆藏文献的信息内容、避免信息在不稳定媒体上进一步丢失，应当优先将已经处于濒危状态的文献优先进行馆藏资源数字化处理。比如，对比较容易损坏的原始文献、已经损坏的原始文献、使用频率比较高的原始文献，应该优先考虑数字化操作。像西文原版皮肤科彩色图谱这种容易被读者开天窗的原始文献、纸质已经发生脆化现象的原始文献、已经发黄褪色照片、字迹已经模糊不清的原始文献等也应优先考虑数字化。

（三）特色文献优先原则

特色文献优先原则是对文献价值理论原则的一种延续。特色馆藏集中体现了馆藏文献的价值。不同的内容和不同的形式共同构成了图书馆的文献资源这样一个有机的整体。其是对一定形式的知识体系的反映，有很强的系统性和专业特色，应该是图书馆的文献资源应当具备的条件。特色文献优先原则为了实现在资源建设体系上呈现出显著的专业特色，需要系统完整地对重点学科、特色学科或某些专题的文献进行收集。值得注意的是，一定要根据各图书馆的学科和服务对象需求以及原有馆藏特点进行特色学科和主题的选择和建设。

二、数字化文献的选择

各种不同物理介质、不同出版形式、不同馆藏类型的文献资源都可以进行数字化，如印刷型文献数字化转换和特殊载体文献数字化，缩微胶片文献数字化转换和音像资料模数转换，图书文献连续出版物文献和论文文献的数字化以及全文文献数字化、书目文献包括题录、文摘、书目索引数字化等。选择需要数字化的文献资源除了要遵循一定原则外，一般还需要考虑数字化后要达到什么样的目的。

（一）保护文献

数字化可以减少用户对原件的直接使用，这有助于保护馆藏文献，其主要针对以下几类文献：①处于不稳定载体上的文献，如纸质脆化的文献、发黄褪色照片等；②价值高的文献，像珍本、善本、孤本、中医古籍书等；③利用率高的文献，利用率高的文献最容易受损；④需修复的文献，也就是已经受损的文献；⑤易撕毁的文献，如图谱之类容易被读者开天窗的书。

（二）提高原始文献利用率

多数传统文献数字化后都有利于原始文献利用率的提高，但并不是所有的文献都有必要进行数字化，这里主要指有必要进行数字化的特殊介质的文献，如缩微胶片、音像资料等，其数字化后，更容易被检索、浏览和存取，从而提高其利用率。

（三）提高存取功能

提高存取功能主要应用于以下文献：①不太为人了解的馆藏文献，通过数字化达到提高存取功能和作用的目的；②以某种格式数字化后，可能成为新的馆藏的文献，能够提高馆藏资源的利用率；③数字化后能使原始文献信息价值增加；④数字化后有利于克服传统文献的利用障碍，如原件幅面过大或易碎而难以以传统方法存取的文献等。

三、馆藏文献资源数字化的方法

（一）扫描录入法

扫描录入法，主要是通过使用专业的扫描仪或者数码相机等设备，将原始的文献资源扫描成电子版或者拍摄成数字图像，然后按适当方式进行存储，并与相应的二次文献库对接，或者将题名、分类、主题词、责任者、著者等索引重新进行编制，从而发挥不同作用的检索浏览。相对于文字资源，图像资源可以有更丰富的处理方式。工作人员可以通过选择合适的软件来实现图像文件的存储和压缩等操作。用数据库方式建立索引具有保存文献的原貌、操作技术相对简单的优势。这种方式非常适合保真度要求较高的资料的数字化。但这种方式也存在一些缺点，如这种方式采用的是比较完整的数据压缩技术，所以占据的存储空间相对来说是比较大的，与文本方式存储的内容相比，这种方式能够存储的文献内容是很小的。此外，这种方式对操作技术水平的要求比较高，标引的工作量也相对较大。

（二）文本方式

文本是一种符号系统，以标准编码的形式表示整体含义，并且是以特定的载体形式形成的社会文献信息。文档以文本模式存储，并辅以由全文搜索系统组成的全文检索数据库。此处的全文检索在查找字词时，有两种方式可以利用，一种是运用对数据库的全部字词编制索引的方式，逐字对数据库中的文字进行记号检索；另一种是不通过编字词进行索引，直接逐字编制查找。这两种方式各有各的优缺点。第一种方法检索速度快，但是索引占据的存储空间比较大。第二种方法检索速度相对比较慢，但是节省编制索引占用的空间。

（三）扫描录入与文本结合的方式

扫描录入与文本结合的方式是将扫描形成的图像文件经 OCR 软件处理成文本，并将图像文件与文本文件叠加，使之形成全文版挂接扫描版。先制作扫描版，然后利用 OCR 技术将其转换为文本格式，是比较理想的制作方式。在使用过程中，用户可用文本文件检索到特定字词所在的句段，阅读时，看到的是相对应的图像文件，这样既可以看到文献原貌，又可以发现 OCR 识别错误。

四、馆藏文献资源数字化的意义

馆藏文献资源数字化在充分发挥医学图书馆文献信息资源优势等方面具有重要的意义，是医学文献信息资源最终真正实现共建共享的必由之路。技术的发展已经使资源共享成为现实，但没有馆藏文献资源数字化这一"共建"的过程，共享仍是一句空话。只要各馆都有针对性地将其特色馆藏文献资源数字化，实现电子化存取、网络化传输和利用，整个领域、整个社会就会实现馆藏资源的共享化、社会资源的馆藏化、信息服务的社会化。

五、馆藏文献资源数字化的作用

（一）保护文献

馆藏文献数字化可以避免原件的丢失与损坏。有的年代久远的文献原件载体纸张制作的工艺存在一定的缺陷，存在严重的酸化现象，这会造成纸张机械强度下降，有的轻轻触碰就可能会破碎，耐久性差，这种文献急需脱酸保护。还有的文献原件存在纸张老化、脆化、出现裂口、发黄、掉渣、褪色、装帧结构破损、书脊断裂、封面缺损等情况。除了加强对原始文献的修复和保护力度，还可以通过将原始文献转换成数字文献来对原件进行限制性使用。原件应存放在适宜保存的环境中，避免或减少用户直接使用，这可以达到既保护原件、又便于使用的目的。尤其是对一些珍贵文献进行数字化处理，不仅可以减少原始文件的损耗，而且可以减少原件丢失的可能，同时还能扩大原始文件的使用范围。

（二）利于个性化服务

信息资源的膨胀以及用户需求的多样化，使个性化服务逐渐成为一种重要的发展趋势。随着经济社会的发展，人们已经进入了拥有丰富信息资源的时代，用户如何在大量的信息中，快速、精准地找到自己需要的信息，成为图书馆值得深入研究和探索的重要问题。用户的需求越来越个性化和多样化，图书馆提供的服务相应地也要向这两个方向发展。服务个性化必须依赖信息资源数字化建设与应用技术的发展，否则提供个性化服务只是一句空话。

（三）解决空间紧张的矛盾

传统医院图书馆普遍存在馆舍狭小的问题。图书馆馆藏文献会不断地增长，但是图书馆的空间却是有限的。图书馆的数字化发展，可以有效地缓解这种矛盾。无论在使用文献的时间上，还是存储文献的空间上，数字化图书馆都显现出巨大的优势，它能让图书馆在较小的空间中，无限地存储更多的信息，展现了超大容量数字存储载体的创造更多价值、服务更多客户的无限潜能。

六、馆藏文献资源数字化应注意的问题

根据各国、各行业乃至具体图书馆的具体情况，再结合馆藏文献资源数字化具体实践的全过程，人们要考虑的问题可能更多。

（一）投入与效益问题

馆藏文献数字化既要考虑投入又要考虑效益。馆藏文献数字化不是一蹴而就的事情，不要上来就大规模地开展，这样会使之陷入逻辑、行政和财政的重重困境中。为了考虑投入与效益之间的平衡，在将文献数字化时，应该先找出一些重点选题进行操作，并且选题应该尽可能地简单一些，不要拓展太宽的范围。将文献数字化，应该尽量将重点放在某个学科、专业或者某个行业上，这样就能够使选题范围缩小和集中，从而尽量实现投入与效益的平衡。要进行数字化的馆藏文献一定是有效益的，最好是能够很快为图书馆带来经济效益，或者有明显社会效益的，如此数字化建设才有可能继续发展下去。

（二）重复建设问题

虽然每一个图书馆，都呈现出不同的主要特色，但是，图书信息资料的重复问题还是难以避免的，甚至大部分的图书信息资料都存在着重复的问题。因此，在进行馆藏文献数字化时，一方面要摒弃传统"大而全""小而全"的观念，将重点放在自己独具特色的馆藏文献上，然后共享资源，使之既形成自己的优势，又避免重复浪费；另一方面也应当看到重复建设实际上是难以避免的，要从实际出发，从大处着眼、小处着手，使重复建设做到适度。

（三）管理问题

为达到馆藏文献资源数字化的目的，需要认真考虑的管理因素包括以下两个。

第一，资助者因素。在文献资源数字化的过程中，资金的支持是必不可少的，也是非常重要的。数字化需要充分的投资，应该努力拓宽接受投资的渠道，值得注意的是，如果有基金资助，则必须满足数字化产品资助者的投资标准和投资要求。

第二，费用以及效益因素。馆藏文献数字化的费用以及效益评价是很困难的，大多数图书馆的馆藏文献数字化工作都是依靠每一年财政拨款的支持来维

持的。财政拨款源源不断地输出，虽然难以从真正意义上解决费用问题和效益问题，但又是十分必要的。因此，在规划馆藏文献数字化时必须考虑模数转换的费用能否与取得的效益相平衡，以及应采取什么样的应对措施。

（四）版权问题

版权法虽然没有明确规定有关作品的数字化权问题，但目前作品数字化权归属为复制权已经成为共识。图书馆出于保存和保护的目的，对馆藏文献资源进行数字化，应该属于合理复制，不会涉及版权问题。但若将数字化后的文献资源进行使用、传输、传播以及网络发布，就必须增强版权意识，否则难免会发生侵权行为。为了规避侵犯复制权的风险，在进行馆藏文献数字化时应采取相应措施：在符合合理使用的相关规定的前提下，进行文献数字化复制操作；在对文献进行数字化操作的过程中，必须明确指出作者的姓名以及作品的名称。版权作品经过数字化处理后，如果需要提供网络付酬服务，则必须在获得相应的授权之后才能进行。

参考文献

[1] 曹俊涛. 数字化背景下的医学院校图书馆特色化建设[M]. 天津：天津科学技术出版社，2018.

[2] 蔡鸿新. 医学院校图书馆理论与实践[M]. 厦门：厦门大学出版社，2017.

[3] 丘陵. 循证医学和医学图书馆发展实践研究与探索[M]. 长春：吉林大学出版社，2016.

[4] 蒋葵，董建成. 医学信息检索教程[M]. 3版. 南京：东南大学出版社，2015.

[5] 王建雄，林昱. 图书馆信息平台的理论基础与技术开发[M]. 沈阳：沈阳出版社，2018.

[6] 徐云，张倩. 医学信息检索[M]. 2版. 武汉：华中科技大学出版社，2015.

[7] 刘耀. 图书馆资源组织语义化理论及方法研究[M]. 北京：科学技术文献出版社，2018.

[8] 张中欣，曹晓燕，刘立伟. 图书馆理论与信息化思维[M]. 延吉：延边大学出版社，2018.

[9] 陈红勤，梁平，杨慕莲. 医学信息检索与利用[M]. 武汉：华中科技大学出版社，2014.

[10] 郭千钰，周园，佟燕华. 数字图书馆创新理论研究[M]. 北京：九州出版社，2018.

[11] 王永革. 公共图书馆读者管理信用积分制的理论与实践：以晋城市图书馆为例[M]. 太原：山西人民出版社，2018.

[12] 卢家利. 美国公共图书馆管理与服务[M]. 北京：中国商务出版社，2018.

[13] 陈三保.新形势下图书馆服务与创新[M].昆明：云南科技出版社，2018.

[14] 马继刚.学术型大学图书馆的建设与发展[M].成都：四川大学出版社，2016.

[15] 金晓林，杨静.图书馆特色数据库建设现状研究[M].赤峰：内蒙古科学技术出版社，2018.

[16] 黄鹏.新媒体视域下医学图书馆服务的SWOT分析[J].现代经济信息，2018（8）：438.

[17] 侯丽，康宏宇，钱庆.医学图书馆公众健康知识服务平台的构建与应用实践[J].图书情报知识，2018（2）：40-49.

[18] 包海英.信息化时代医学图书馆个性化服务的必要性探讨[J].世界最新医学信息文摘，2018（25）：173.

[19] 包海英.网络对医学图书馆服务的影响[J].世界最新医学信息文摘，2018（23）：176.